U0330867

国学经典释读 ✦ 李学勤 主编

译解
国语

叶玉麟 选释

生活·讀書·新知 三联书店

图书在版编目(CIP)数据

译解国语/叶玉麟选释. —北京:生活·读书·
新知三联书店,2019.11
(国学经典释读)
ISBN 978 – 7 – 108 – 06296 – 3

Ⅰ.①译…　Ⅱ.①叶…　Ⅲ.①中国历史 – 春秋时代 –
史籍②《国语》– 注释　Ⅳ.①K225.04

中国版本图书馆 CIP 数据核字(2018)第 077675 号

责任编辑　王婧娅
封面设计　米　兰
责任印制　黄雪明
出版发行　生活·讀書·新知 三联书店
　　　　　(北京市东城区美术馆东街 22 号)
邮　　编　100010
印　　刷　上海锦良印刷厂有限公司
版　　次　2019 年 11 月第 1 版
　　　　　2019 年 11 月第 1 次印刷
开　　本　650 毫米×900 毫米　1/16　印张　9.5
字　　数　87 千字
定　　价　29.00 元

出版说明

这是一套写给普通读者的国学经典释读丛书。

"国学"之名,始自清末。当时欧美学术涌入中国,被称为"新学"或"西学",相应的,学界就将中国传统学问命名为"旧学"或"国学"。广义的"国学"包含范围广泛,从哲学、史学、宗教学到考据学、中医学、建筑学等等,本丛书之"国学经典"主要是指先秦诸子百家的著作。这些经典博大精深,是中国传统文化的精髓,是中华民族共同的血脉和灵魂,是连接炎黄子孙的血脉之桥、心灵之桥,吸引一代代中国人阅读、阐释、传承,至今熠熠生辉。

民国时期虽然新学昌盛,但对国学经典的研究和普及并未中断,甚至在二十世纪三十年代掀起出版国学经典的热潮,比如商务印书馆出版的"学生国学丛书"、世界书局的《四书读本》、广益书局的"白话译解经典"系列等等。

今天,出于继承和弘扬中国优秀传统文化的需要,我们精选了民国时热销的经典释读版本,并做适当的加工处理,以适应今日之读者。本丛书收录《广解论语》《广解大学·中庸》

《广解孟子》《译解荀子》《译解韩非子》《译解孙子兵法》《译解庄子》《译解战国策》《译解国语》《译解墨子》《译解道德经》《国学讲话》十二种。这些国学经典释读的编者兼具旧学与新学功底，语言通俗易懂，译解贴近现代。

这次重新出版，我们主要做了五项工作：

第一，为了读者阅读的方便，改竖排为横排，标点符号也随之改为现代横排的规范样式。

第二，变繁体字为简化字，在繁简转换的过程中，对有可能产生意义混淆的用字，做了合理的处理。

第三，采用今天所见较好的古籍版本对原书的选文进行了审校，订正了文句的错、讹、脱、衍。

第四，原书选篇保持不变。

第五，对原书的注释进行了修润，使注释更加准确、易懂。

我们期望，本丛书的出版能够为普通读者提供一个更亲近的读本，也希望以此为契机，对弘扬中国传统文化、普及国学知识起到积极的促进作用。

"国学经典释读"是李学勤先生生前主编的最后一套丛书，李先生在病榻上撰写了总序。今年二月，先生遽归道山。如今，此丛书顺利出版，是对先生的缅怀。

生活·读书·新知三联书店

总　序

　　大家了解，人类的许多认知和见解，有时可以在历史发展的某些时段得到重合或认同。20 世纪三四十年代悄然掀起的国学教育运动，恰恰与现今对中国传统文化的重视与重拾极为相似，其因果大体也是经历由怀疑、批判、否定，到重视、回归并再造这样的过程。

　　20 世纪前半叶，可谓中西文化大碰撞、大交融的时代，最为鲜明的是西方文化对于中国传统文化的巨大冲击。清末的"中体西用"，尚有"存古学堂"保存国粹，使国学还占有一席之地，而到了民国初年，特别是"壬戌学制"的颁布，主要采用当时美国一些州已经实行了十多年的"六三三制"，标志着中国近代以来的学制体系建设的基本完成，以美国为代表的西方教育在中国占据了相当大的地位。此后中国现代化教育每发生一次变化，西方的教育形式与内容就会有所进入，中国传统文化的教育也就有所丧失，中国传统文化的价值体系遭受着越来越多的质疑或否定。对此，一部分具有强烈忧患意识的教育家、文化名流忧心忡忡，并由担心逐渐转而采取行动挽救国学。但是，真正产生影响并引起国人震动的却是国际联盟教育考察团的到访。1931 年，当时的南京国民政府鉴于欧美的教育对中国日益增大的影响，邀请以欧洲国家为主体的教育考察团来华考察。考察团用了一年多的时间，考察了中国教育的诸多重镇及学校，提交了《中国教育之改进》的报告书。报告书指出："外国文明对于中国之现代化是必要的，但机械的模仿却是危险的。"该报告书主张中国的教育应构筑在中国固有的文化基础上，对外来文化，特别是美国文化的影响，进行了不客气地批评："现代中国最显著的特征，即为一群人所造成的某种外国文化的特殊趋势，不论此趋势来自美国、法国、德国，或其他国家。影响最大的，要推美国。中国有许多青年知识分子，只晓得摹仿美国生活的外表，而不了解美国主义系产生于美国所特有的情状，与中国的迥不相同。""中国为一文化久长的国家。如一个国家而牺牲它历史上整个的文化，未有不蒙着重大的祸害。"报告书切中时弊的评估，使中国知识界与教育界在极大的震动中警醒并反思。随即具有强烈社会责任感的教育界、学术界人士，采取了行之有效的国学教育推行举措，掀起国学教育的声势和热潮，使国学教育得到落实，国学经典深入学校的课堂，进入学生使用的书本，并被整合进学生的知识结构中去。

关于 20 世纪三四十年代的国学教育的热潮，有两种情况值得关注：一是诸如梁启超、章太炎、陈寅恪、黄侃、刘师培、顾颉刚、钱穆、吕思勉等大家利用新的研究方法，潜心研究，整理国故，多有建树，推出了一大批国学研究成果，将国学的归结、分类、条理化、学科化的阐述达到了空前的清晰，对当时及后世影响深远；与此同时，教育界、学术界将国学通过渗透的办法，镶嵌入中小学的课程，设立了各个学级的国语必修课和必读书，许多大家列出书单，推介国学典籍的阅读。二是当时出版界向民众普及国学典籍，主要体现在对国学的通俗释读方面，以适应书面语言不断白话的情形。

对于前者，1949年以后，特别是改革开放以来，重新出版了一些相关著作，但后者几乎被忽视或遗忘了，极少再度面世。其实后者在当时的普及和重版率相当高，影响更为深广。

生活·读书·新知三联书店这次整理出版的正是后者。这不仅是因为在那之后均没有重现，重要的是这些通俗释读的书非常适合当今书面语言彻底白话了的读者需求，特别是当读古文和诠释古文已经成为专门家的事情的今天，即便有较高学历的非专业的读者读古文也为之困惑，这类通俗释读国学典籍的书的出版就显得更为迫切。这些书的编撰者文言文功底深厚，又受到白话文运动的洗礼，对文白对应的把握清晰准确。这些书将国学典籍原文中的应该加以注释说明的元素融入在白话释读之中，不再另行标注，使阅读连贯流畅，其效果与今天的白话阅读语境基本吻合，可见那时对于国学的通俗普及还是做了些实事的。

这的确是一些为我们有所忽视的好东西，以致可查到的底本十分稀缺，大多图书馆都没有藏品，坊间也难觅得。生活·读书·新知三联书店在千方百计中找到了选用的底本，使得旧时通行的用白话释读经典的读本得以再现。

值得一提的是，这是当时的出版人专门组织出版的一批面向一般民众的国学释读的读本，影响甚大，使得国学经典走入初等文化程度的群体。然而，这些产生过较大影响的读本之所以后来为人所遗忘，其原因可能是出版界推崇名家著述或看重对传统典籍的校勘和注疏。以王缁尘为例，虽然其人名不见经传，但他所编著的关于国学经典释读的一系列的图书，在当时却十分抢手，曾不断重印了十几版。这主要是当时的世界书局看中了他在清末就创办白话报的经历和对国学典籍把握的功力，使其栖身"粹芳阁"，为世界书局专事著述国学通俗释读的书籍。列入本套丛书的《广解四书读本》（今将其分为《广解论语》《广解大学·中庸》《广解孟子》），曾被认为是当时国学出版的盛典，是当时通俗释读国学的代表。"国学经典释读"选择20世纪三四十年代的国学通俗的释读书籍，整理为简体横排进行出版，为当今读者学习国学经典提供了很好的阅读范本，是一件大有助益的好事。

还应该提及的是，出版此套书不仅是为方便读者理解经典，还在于让读者通过这样的阅读，了解当时人们对中华民族和中国意义的认同史。那时的国学教育和学习的热潮，几乎与抗日战争同行,而对中华民族的现代认识,正是在这期间形成的;国学的教育和普及,使国人了解并认同了中国的历史悠久和文化的博大精深,更将几千年来的人们对国家的意识,从以皇室朝廷为中心的概念中分离出来,完成了从"君国"到"国族"的转变。"中国"代表着中华民族全体,是各族人民联合御侮和实现伟大复兴的精神图腾。

李学勤

2018 年 12 月 10 日

序

　　《国语》一书,除选入《古文析义》《古文观止》等书外,世只读其数篇,罕见全书,反不若《战国策》率有全读者。《国语》注,自郑众《解诂》以下,诸书并亡,存于今者,惟吴韦昭为最古。黄震《日钞》尝称其简洁。而先儒旧训,亦往往散见其中。如朱子注《论语》"无所取材",毛奇龄诋其训"材"为"裁",不见经传,改从郑康成"桴材"之说。而不知《郑语》中有"计亿事,材兆物"句,昭注曰:"计,算也。材,裁也。"已有此训。以毛氏之博洽,雄视一世,而犹有此失,倘《鹖冠子》所谓至博不给者非欤?韦昭字弘嗣,云阳人,官至中书仆射,《三国志》作韦曜,裴松之注谓为司马昭讳也。《国语》出自何人,说者不一,或谓左丘明撰。所记之事,与《左传》俱迄智伯之亡,中有与《左传》未符者,一详一略之故也。如《仓葛不服晋》篇,《左传》止载五句,简而该;《国语》至二百余言,则详而尽矣。《汉书·艺文志》作二十一篇,虽载《春秋》后,然无《春秋外传》之名,《汉书·律历志》始称《春秋外传》。王充《论衡》云:"《国语》,《左氏》之外传也。左氏传经,词语尚略,故复选录《国语》之词以实之。"然说者谓《国语》上包周穆王，下暨鲁悼公，与《春秋》时代首尾不相应，其事亦与《春秋》殊为不类，附之于经，于义未允，故《四库全书》归之杂史类焉。也是翁曰："明道本《周语》云：'昔我先王世后稷。'注云：'后，君也，稷，官也。'则是昔我先王世君此稷之官也，考之《史记·周本纪》亦然。"又云："'左右免胄而下'，天圣本'下'下有'拜'字，今本皆脱去。"太忙案：《古文观止》等编，俱作周之后稷解，殊误，得钱氏之说，可资订正。《展禽论祀爰居》篇内所引，多出祭法，此殆后儒采辑其言，以入《礼记》。亦如《敬姜论劳逸》篇，刘中垒采入《列女传》耳。戴剡源先生读《国语》曰："先儒奇太史公变编年为杂体，有作古之材，以余观之，殆放于《国语》而为之也。"则太史公《史记》亦自《国语》得来，是书顾可不读哉？夫古列国之语，后儒尊之为经，为史，为古文，异夫今所称《国语》者，吾愿人亦多研此《国语》，而一观列国之政迹也可！

民国二十四年五月上浣南汇朱太忙撰

目次

周语

穆王将征犬戎

穆王将征犬戎，祭公谋父谏曰："不可，先王耀德不观兵。夫兵戢而时动，动则威，观则玩，玩则无震。是故周文公之颂曰：'载戢干戈，载櫜弓矢。我求懿德，肆于时夏，允王保之。'先王之于民也，懋正其德而厚其性，阜其财求，而利其器用。明利害之乡，以文修之，使务利而避害，怀德而畏威，故能保世以滋大。昔我先王世后稷，以服事虞夏。及夏之衰也，弃稷不务。我先王不窋用失其官，而自窜于戎、狄之间，不敢怠业，时序其德，纂修其绪，修其训典，朝夕恪勤，守以敦笃，奉以忠信，奕世载德，不忝前人。至于武王，昭前之光明，而加之以慈和，事神保民，莫弗欣喜。商王帝辛，大恶于民，庶民不忍，欣戴武王，以致戎于商牧。是先王非务武也，勤恤民隐而除其

1

害也。

"夫先王之制:邦内甸服,邦外侯服,侯、卫宾服,夷、蛮要服,戎、狄荒服。甸服者祭,侯服者祀,宾服者享,要服者贡,荒服者王。日祭,月祀,时享,岁贡,终王,先王之训也。有不祭则修意,有不祀则修言,有不享则修文,有不贡则修名,有不王则修德,序成而有不至则修刑。于是乎有刑不祭,伐不祀,征不享,让不贡,告不王。于是乎有刑罚之辟,有攻伐之兵,有征讨之备,有威让之令,有文告之辞。布令陈辞而又不至,则增修于德,而无勤民于远。是以近无不听,远无不服。今自大毕,伯士之终也,犬戎氏以其职来王。天子曰:'予必以不享征之,且观之兵。'其无乃废先王之训,而王几顿乎!吾闻夫犬戎树惇,帅旧德而守终纯固,其有以御我矣。"

王不听,遂征之,得四白狼、四白鹿以归。自是荒服者不至。

周穆王将去征讨犬戎国,臣子祭公谋父谏止他道:"不可,古来圣王只重修德,不在用兵,因为兵是聚起多数人民,到不田作时，才可一动。所以动则有威。如其好动兵，就太亵渎威了，人也不怕。文王诗颂上说：'收拾起干戈，藏好了弓箭。我只要修德，可以唱太平歌，真相信武王能保民也。'古来明君，一心修德，使人人性情忠厚，多开利源，使人不穷困，然后趁闲暇，讲究兵事。训练兵士以利害，指导他方向，仍重在讲礼，约束大众。使人人知道倾向有利益之方做去，避免危害，感德畏威，才能保守土地和王位。代代发展，如我先王后稷，世世做稷官。辅佐舜帝，到夏启时。后夏朝衰败，不用稷官，到我先王不窋时，此职遂废。不窋到西边邠地，近戎、狄地方，不敢怠惰，时时自修，继续他先人功业，修明国家训令和法典。早晚勤慎，用敦厚诚实心守之，用忠信之道侍奉之。累代修德，不辱先人，武王时更加宣扬前人的辉光，加以慈爱和柔，所以事神同保民，莫不欢喜。纣王无道，大为百姓仇怨，百姓忍不下，拥戴武王起兵，到牧野讨纣。可见先王不是好武，是伐暴救民也。

"论先王制度，将京畿内外之土地，就距离远近，分为五等：在一千里内，如距京畿五百里者曰邦内甸服，言其地在王田之内也；去京畿外五百里，名邦外侯服，言其近每年可来候望也；相隔二千五百里的，名侯、卫，言其同中国，名宾服，如来宾也；至三千五百里的，远至九州界上，名夷、蛮，为要服，有要结之意，使之信从而已；至四千五百里至五千里的，则在九州外极远处，名荒服，言其荒远也。甸服最近，每日可来佐祭，侯服较远,每月可来一次供祭祀。若宾服更远,只论一年来进贡。若荒服更加远,只一生一世来一次而已。凡此每日祭祖、考,每月祀高、曾,四时享祧始祖,按年贡祭坛场,一生只因嗣王登极和自己即位来一次,此皆先王明训也。如有不来佐日祭的,则示以意;有不来助月祭的,就下明令;有不来佐四时之享的,就修法典;有缺岁贡的,就示之尊卑名分;有不因嗣王登极和自己即位来朝的,则惟有修德以怀之。如法定明白,仍有不遵的,才修刑伐去征讨他。于是才有刑不祭,伐不祀,征不享,让责不贡,告诫不来朝王的一切行动。于是才有刑罚的用,有攻讨的兵,有出师的准备,有声威的号令,有文言的告示。如其三令五申,依然不来,则惟有修德去感化,从不敢劳动万民远征,所以近者无不听从,远者无不帖服也。今自大毕、伯士死后,犬戎国还来朝王,王必要去征伐他示威,岂非废弃先王遗训,而王自处于危亡乎!听说犬戎能守旧德始终专一,恐怕他有准备了。"

穆王不听,竟带兵去征伐,只落得四条白狼、四只白鹿回来。从此一来,那荒服者永远不来了。

恭王游于泾上

恭王游于泾上,密康公从,有三女奔之。其母曰:"必致之于王。夫兽三为群,人三为众,女三为粲。王田不取群，公行下众，王御不参一族。夫粲，美之物也。众以美物归女，而何德以堪之？王犹不堪，况尔小丑乎！小丑备物，终必亡。"康公不献，一年，王灭密。

恭王一日到泾上去游，密国之君康公陪伴。有同姓的三个女子，到他面前来要嫁他。康公的母亲说："你消受不起，必定将来献给恭王才好。譬如三只兽以上成了群，三个人以上成了众，三个女子成了粲。王者田猎不肯尽一群，诸侯不敢怠慢众人，王者娶妇女伺候，不敢专在一姓。粲灿光辉，乃极美之物也。人以最美之物，归之于你，你有何德堪以享受？我以为在王也不堪，况你小丑乎！小人得福不是福，终久不妥的。"康公不舍，一年后，恭王就将密国灭了。

厉王虐国人谤王

厉王虐，国人谤王。邵公告曰："民不堪命矣！"王怒，得卫巫，使监谤者。以告，则杀之。国人莫敢言，道路以目。王喜，告邵公曰："吾能弭谤矣，乃不敢言。"邵公曰："是障之也。防民之口，甚于防川。川壅而溃，伤人必多，民亦如之。

是故为川者决之使导，为民者宣之使言。故天子听政，使公卿至于列士献诗，瞽献曲，史献书，师箴，瞍赋，矇诵，百工谏，庶人传语，近臣尽规，亲戚补察，瞽史教诲，耆艾修之，而后王斟酌焉，是以事行而不悖。民之有口，犹土之有山川也，财用于是乎出；犹其原隰之有衍沃也，衣食于是乎生。口之宣言也，善败于是乎兴，行善而备败，其所以阜财用衣食者也。夫民虑之于心，而宣之于口，成而行之，胡可壅也？若壅其口，其与能几何？"王不听，于是国莫敢出言。三年，乃流王于彘。

厉王无道，国人咒骂。邵公告曰："小百姓受不了这暴虐之政令了！"王闻言大怒，访到一个卫巫，能知人心腹事，命他监察毁谤者。只要他一告，就捉人来杀。如此一来，人人害怕，不敢开口。街上行路之人，只能以目相视。王很高兴，以为得计，告诉邵公说："我能堵住人不敢毁谤了，现在谁还敢多嘴？"邵公曰："这是勉强遏住人口罢了！可知道堵住人的口比塞住大河还凶。大川大河，塞淤不通，一朝冲破堤埂，大家遭殃，百姓的口也如此。所以善于疏通水道的，必开条出路让它流;善于治民的,听其发言。故天子临朝听政,命公卿文武官到列士人人献诗,命瞽子献鼓儿词,命史官献三皇五帝之书,命少师作箴讽刺王,命瞽子唱那公卿列士的诗,又有一种睁眼瞎念诵箴谏之词,至工技艺之人也要各人就他的手艺来讽谏王,民人则传达话使上闻,近侍臣工遇事规谏,王之亲戚随时为王补过察非。又有太师和史官掌阴阳天时者,用天时礼法等书从旁教诲,耆老又整理那瞽史之教使王知道。一个王者有许人劝导,使他斟酌行事,自然行事不错。可知小民之口,如同地面上有山川样,各色财用,皆出乎其中。又如平原和低湿地方肥美,方能产生衣食各物。口常宣言,好坏在其内,依着民情,行善事,去恶事,原为使地方财用丰足也。百姓宣言,并非无因,总由心中不平才发话,才有毁谤这种行为,岂能封住人的口。如其想用一人手,掩尽天下口,小心一旦冲决,就不可收拾了!"厉王昏聩,不听忠言。于是人人哑口无言,恨在心里。三年后,大家把他驱逐出去,到那河东永安地方。

厉王说荣夷公

厉王说荣夷公,芮良夫曰:"王室其将卑乎!夫荣夷公好专利而不知大难。夫利,百物之所生也,天地之所载也,而或专之,其害多矣!天地百物,皆将取焉,胡可专也?所怒甚多,而不备大难,以是教王,王能久乎?夫王人者,将导利而布之上下者也。使神人百物,无不得其极,犹日怵惕,惧怨之来也。故《颂》曰:'思文后稷,克配彼天,立我蒸民,莫匪尔极。'《大雅》曰:'陈锡载周。'是不布利而惧难乎!故能载周以至于今。今王学专利,其可乎?匹夫专利,犹谓之盗,王而行之,其归鲜矣。荣公若用,周必败。"既,荣公为卿士,诸侯不享,王流于彘。

彘之乱,宣王在邵公之宫,国人围之,邵公曰:"昔吾骤谏王,王不从,是以及此难。今杀王子,王其以我为怼而怒乎?夫事君者,险而不怼,怨而不怒,况事王乎?"乃以其子代宣王,宣王长而立之。

厉王欢喜荣夷公,芮良夫说:"王室从此低落了!荣夷公贪鄙专利,不知大祸。不知这利字是百物生出来的,是天地生成的,他想一人专之,危害就多了!世界上凡百生殖物,小民都需要的,怎么可以他一人独取呢?这样大众怨恶,他不知道防备大祸,还来教导王贪利,王能久安其位乎?所贵做人王者,是要疏通利源,分给上下敬神和养民的。要使神和人以及百物,无不得中和的供给,尚且小心谨慎,恐防招怨。《周颂》之诗说:'周公思念有文德者只有后稷,他能与天配享,能安立我众民,无不对于尔等适得其中。'《大雅》说:'布德施利,以成周道。'岂非能分布利益与人,尚恐来祸难乎?所以能成就周家的王道直至于今。今王信荣夷公好专利,可乎?一介匹夫好专利,还比为大盗,身为国王,做此事,谁还相信?如用荣公,周家必败。"不久厉公竟命荣公为卿士,诸侯不来朝,百姓离心,把王驱逐到彘。

彘之乱,宣王恰在邵公家里,国人围住邵家,邵公说:"前此厉王无道,我力谏王,奈王不听,所以闹下这乱子。倘若今日任百姓杀了王子,王且疑心我记恨,而发怒于我。自古人臣事君虽在危险中,也不敢生怨恨,心中虽不免失望,也不敢动怒。况事王之道,本不应怨怒乎?"乃用他自己的儿子代宣王死,后来宣王长大,即扶他继王位。

鲁武公以括与戏见王

鲁武公以括与戏见王,王立戏。樊仲山父谏曰:"不可立也。不顺必犯,犯王命必诛,故出令不可不顺也。令之不行,政之不立,行而不顺,民

9

将弃上。夫下事上,少事长,所以为顺也。今天子立诸侯,而建其少,是教逆也。若鲁从之,而诸侯效之,王命将有所壅。若不从而诛之,是自诛王命也。是事也,诛亦失,不诛亦失,天子其图之!"王卒立之,鲁侯归而卒。及鲁人杀懿公,而立伯御。

　　鲁武公将其二子,一名括一名戏者,见周王。王不立他大长子括,而立其少子戏。樊仲山父谏周王道:"不可如此。凡事应当顺次序,明长幼,若不顺少长次序,将来必犯上作乱。如其来犯王命,那时必加罪于他。所以王者发号施令,不可颠倒。如号令不行,政事皆废,做事不顺,人民离心叛上矣。夫卑下事尊上,年少事长老,此乃顺事也。今天子立诸侯,而封其少,是教人逆行也。若鲁国由此效法,诸侯因之仿照行事,将来王命必有行不通之时。若是鲁国不从而诛伐它,岂非背叛先王之命乎?此事左右是不妥,天子要细思之!"周王不听,竟将戏立为鲁之太子。鲁侯归国不久就死了。后来鲁人到底把少子戏杀了,另立其兄括。

幽王二年西周三川皆震

　　幽王二年,西周三川皆震。伯阳父曰:"周将亡矣！夫天地之气，不失其序。若过其序，民乱之也。阳伏而不能出，阴迫而不能烝，于是有地震。今三川实震，是阳失其所而镇阴也。阳失而在阴，川源必塞，源塞，国必亡。夫水土演而民用也，水土无所演，民乏财用，不亡何待？昔伊、洛竭而夏亡，河竭而商亡，今周德若二代之季矣，其川源又塞，塞必竭。夫国必依山川，山崩川竭，亡之征也。川竭，山必崩。若国亡，不过十年，数之纪也。夫天之所弃，不过其纪。"是岁也，三川竭，岐山崩。十一年，幽王乃灭，周乃东迁。

幽王二年，镐京及三川地方大地震。伯阳父道："周室将亡了！天地阴阳之气要不错乱四时之运行才好。如其阴阳失了次序民心就乱了。天地之阳气，伏而不出，阴气低压使阳不升，于是发生地震。如今三川地震，是阳气失所，被阴气逼迫。阳在阴下，发生地震，河流干涸，来源闭塞。如人一身血枯气闭必死，国家如此必亡。夫水土之气，要宣畅和润，然后百物生，而民用足。若水土闭塞，气不宣泄，财用不足，国焉能久？从前伊、洛之水干竭而夏朝亡，黄河干，商朝亡。于今周德衰，像夏、商末年矣。山崩土塞，河流不通，来源枯竭。夫立国建都，靠山临水，今山崩地震河干，正是败亡之兆。河川枯渴,山必崩塌。若国亡,不过十年,大数如此也。天所弃之国,不过一纪。"是年三川竭,岐山崩。十一年,幽王灭,周室东迁。

襄王十三年郑人伐滑

襄王十三年,郑人伐滑,王使游孙伯请滑,郑人执之。王怒,将以狄伐郑。富辰谏曰:"不可。古人有言曰:'兄弟谗阋,侮人百里。'周文公之诗曰:'兄弟阋于墙,外御其侮。'若是则阋乃内侮,而虽阋不败亲也。郑在天子,兄弟也。郑武、庄有大勋力于平、桓。我周之东迁,晋、郑是依。子颓之乱,又郑之繇定。今以小忿弃之,是以小怨置大德也,无乃不可乎! 且夫兄弟之怨,不征于他,征于他,利乃外矣。章怨外利,不义;弃亲即狄,不祥;以怨报德,不仁。夫义所以生利也,祥所以事神也,仁所以保民也。不义则利不阜,不祥则福不降。不仁则民不至。古之明王,不失此三德者,故能光有天下而和宁百姓,令闻不忘,王其不可以弃之!"王不听。十七年,王降狄师以伐郑。

王德狄人，将以其女为后，富辰谏曰："不可。夫婚姻，祸福之阶也。由之利内则福，利外则取祸，今王外利矣，其无乃阶祸乎！昔挚、畴之国也，由大任，杞、缯由大姒，齐、许、申、吕由大姜，陈由大姬，是皆能内利亲亲者也。昔鄢之亡也，由仲任，密须由伯姞，郐由叔妘，聃由郑姬，息由陈妫，邓由楚曼，罗由季姬，卢由荆妫，是皆外利离亲者也。"

王曰："利如何而内，如何而外？"对曰："尊贵，明贤，庸勋，长老，爱亲，礼新，亲旧。然则民莫不审固其心力，以役上令，官不易方，而财不匮竭，求无不至，动无不济，百姓兆民，夫人奉利而归诸上，是利之内也。若七德离判，民乃携贰，各以利退，上求不暨，是其外利也。夫狄无列于王室，郑伯南也，王而卑之，是不尊贵也。狄，豺狼之德也，郑未失周典，王而蔑之，是不明贤也。平、桓、庄、惠，皆受郑劳，王而弃之，是不庸勋也。郑伯捷之，齿长矣，王而弱之，是不长老也。狄，隗姓也，郑出自宣王，王而虐之，是不爱亲也。夫礼新不间旧，王以狄女间姜、任，非礼，且弃旧也。王一举而弃七德，臣故曰利外矣。《书》有之曰：'必有忍也，若能有济也。'王不忍小忿而弃郑，又登叔隗以阶狄。狄，封豕豺狼也，不可厌也。"王不听。

襄王十三年，郑人伐滑，周王命大夫游孙伯到郑国来，替滑国求和，郑文公就把游大夫捉住。周王大怒，预备用狄国的兵伐郑。周大夫富辰进谏曰："不可。古人常言道：'弟兄纵有时在家冲突，然外人如来欺凌，虽百里之远，总能相助。'周文公之诗说：'兄弟在墙里争打，却能同心抵御外侮。'如此说，则阋墙不过家庭间事，虽偶尔手足失和，总不伤亲爱。郑国对于周天子，弟兄之国也。郑武公、庄公，从先有功于周平王、桓王。我周室东迁之时，全倚赖晋、郑二国，后来王子颓之乱，又是郑厉公平定乱事的。如今因不忍一口气，同郑开衅，是因小怨背大德也，未免太过。且兄弟怨恨，不应请外人帮忙，如请外人来相帮杀自家人，是给外人占便宜了。一件小事就显明私怨，又给外人利益，是谓不义气；抛弃至亲去亲近外人，是不祥；以怨报德，是不仁。夫讲义气，即是有利益之事；有吉祥之事，才能事神；能有仁惠，才能保民。若是不利，则民生不厚；

不吉祥,天不降福;不仁厚,百姓离心。古来的明君,从不敢失此三德,所以能保全王位,安和百姓,好名誉永垂久远。我以为王万不可如此办法。"王竟不听富辰之谏。十七年,王统率狄兵伐郑。

王感狄人之情,预备将狄国之女为王后。富辰又说:"不可。自来婚姻大事,实是祸与福之阶梯。如其利在内,由之有道,则有福;如其利外,则取祸。今王亲狄,是利外矣,岂非为祸之阶乎?从前挚、畴二国之兴,由娶大任;杞、缯二国之兴,由娶太姒;齐、许、申、吕四国由太姜;陈之兴,由大姬,此皆能内行七德,亲其所亲之利也。至于鄢之亡,因由仲任,密须由伯姞,郐由叔妘,聃由郑姬,息由陈妫,邓由楚曼,罗由季姬,卢由荆妫,这都是背亲利外造成的。

王问:"如何是利内,如何是利外?"答曰:"尊敬贵人,选用贤才和有功的人,且安养高年,又和睦六亲,礼敬来宾,念旧人,如此则百姓无有不专心尽力为官长服务的。做官的不必别求方法,自然财用足,所需要无不得,一动作无不成,凡百官万民,人人以利益归公家,此利在内者。如果不敦行七德,则小民生心,各人自私自利,君上有所需求也不应,如同外国人样,此外其利也。即如郑是伯爵。如用狄伐郑,是小看他了。且狄人性如豺狼,何可亲信?郑未有一毫差错于周,王乃蔑弃之,是不显明贤才也。平、桓、庄、惠四世之先君,皆赖郑之勤劳,而王轻轻抛弃之,是不用有功也。而且郑伯捷,年纪不小，而王把他看做幼稚，是不敬老也。狄乃隗姓，郑国则出自宣王，王今亲狄远郑，是不爱亲也。夫礼新人不间隔旧人，今王以狄女，间隔姜、任，非礼又是弃旧也。王此一举，就背弃七德，臣所以说是利外也。若《书经》有言：'人必能忍，方能有济。'王不忍小忿而弃郑，又以叔隗为后，以启狄祸。不知狄人，乃大猪和豺狼一般，没有厌足之时也。"王竟不听。

王至自郑

王至自郑，以阳樊赐晋文公。阳人不服，晋侯围之。仓葛呼曰："王以晋君为能德，故劳之以阳樊，阳樊怀我王德，是以未从于晋。谓君其何德之布以怀柔之，使无有远志。今将大泯其宗祊，而蔑杀其民人，宜吾不敢服也。夫三军之所寻，将蛮夷戎狄之骄逸不虔，于是乎致武。此赢者阳也，未狎君政，故未承命，君若惠及之，唯官是征，其敢逆命，何足以辱师？君之武震，无乃玩而顿乎！臣闻之曰：'武不可觌，文不可匿。觌武无烈，匿文不昭。'阳不承获甸而只以觌武，臣是以惧。不然，其敢自爱也？且夫阳岂有裔民哉？

夫亦皆天子之父兄甥舅也，若之何其虐之也？"晋侯闻之曰："是君子之言也。"乃出阳民。

　　周王从郑回到王城，将阳樊赏赐晋文公。阳人不肯附属于晋，晋侯用兵围之。阳人有个姓仓名葛的，大喊道："我周王因为晋君能布德，才将阳樊犒劳他。阳樊之人，不敢忘周之德，所以不肯从服于晋。大家的意思要看晋君如何布德施惠，以感化我等小民，使人不生离叛之心。乃晋君今将灭绝我之宗庙，又将大肆杀戮，所以吾侪不敢服也。夫三军的目标，是对于蛮夷戎狄的骄惰不恭，方才用武。如今这弱小的阳人，从未驯习晋君之政，故未敢承新命。如肯加恩惠，只要命官吏来晓喻足矣，谁敢违命？何必劳动大军，像这般耀武扬威，岂非玩亵乎？臣闻古训说：'武不可太宣扬，文不当太隐匿，是说不可重武轻文也。因为好武则失威，轻文则德不昭明。'今阳人不能承种周王之甸田，而晋只来示威武，令人寒心，不然，谁敢自爱也。且阳地之民，并无蛮夷戎狄，大多数是周天子之父兄甥舅耳，如何虐待我等？"晋侯一闻此言，说："这是君子之言也。"乃解围放出阳民。

温之会

温之会，晋人执卫成公归之于周。晋侯请杀

之,王曰:"不可。夫政,自上下者也。上作政,而下行之不逆,故上下无怨。今叔父作政而不行,无乃不可乎!夫君臣无狱,今元咺虽直,不可听也。君臣皆狱,父子将狱,是无上下也。而叔父听之,一逆矣。又为臣杀其君,其安庸刑?布刑而不庸,再逆矣。一合诸侯而有再逆政,余惧其无后。不然,余何私于卫侯?"晋人乃归卫侯。

晋侯大会诸侯于温,因为卫侯无礼,预备请周王将卫侯正法。周王说:"不可。一国之政,必从上至下,上面发政,下人遵行,不敢违逆,才能上下无怨。今叔父作政,而不顺大道理,未免不可行了。自古君臣不能对狱打官司,如今元咺理虽直,究是臣子,如其君臣对簿上堂打官司,将来父子也可照样,是无尊卑上下也。叔父如果听从元咺,是一件背逆不道之事矣。又因为人臣的状告,竟杀其君,天下安用刑法为?国家有刑法而不能用,是二桩背逆矣。一次纠合诸侯,而有再逆之事,我惧叔父以后不能再服人心也。不然,我何爱于卫侯?"晋人乃将卫侯放还。

秦师过周北门

二十四年,秦师将袭郑,过周北门,左右皆免胄而下拜，超乘者三百乘。王孙满观之，言于王曰："秦师必有谪。"王曰："何故？"对曰："师轻而骄。轻则寡谋，骄则无礼，无礼则脱，寡谋自陷，入险而脱，能无败乎？秦师无谪，是道废也。"是行也，秦师还，晋人败诸崤，获其三帅丙、术、视。

二十四年春间，秦国出兵，预备去掩袭郑国，大队人马路过周之北门。车上武士站立左右的，因尊重天子之故，大家都除去盔头下拜，拜罢一齐跳上车的人约有三百辆之多。这时候王孙满年纪还小，看罢就对王说："秦兵必败。"王问："何故？"王孙满曰："师轻佻而有骄气。轻佻必不计划利害，骄傲则不知礼，无礼之人，必太简脱。不谋划是自陷入险，又太简脱，如同儿戏，安得不败？如我言不验，是无道理也。"果然，秦兵回转，从晋之崤函关过，却被晋人拦住去路，大杀一阵，把他三位大将白乙丙、乞西卫、孟明视三人活捉去了。

柯陵之会

柯陵之会，单襄公见晋厉公视远步高，晋郤锜见，其语犯，郤犨见，其语迂，郤至见，其语伐，齐国佐见，其语尽，鲁成公见，言及晋难，及郤犨之谮。

单子曰:"君何患焉? 晋将有乱,今君与三郤,其当之乎?"鲁侯曰:"寡人惧不免于晋,今君曰将有乱,敢问天道乎,抑人故也?"对曰:"吾非瞽史,焉知天道? 吾见晋君之容而听三郤之语矣,殆必祸者也。夫君子目以定体,足以从之。是以观其容而知其心矣。目以处义,足以步目,今晋侯视远而足高,目不在体,而足不步目,其心必异矣。目体不相从,何以能久? 夫合诸侯,民之大事也,于是乎观存亡,故国将无咎,其君在会,步言视听,必皆无谪,则可以知德矣。视远,日绝其义;足高,日弃其德;言爽,日反其信;听淫,日离其名。夫目以处义、足以践德、口以庇信、耳以听名者也,故不可不慎也。偏丧有咎,既丧则国从之。晋侯爽二,吾是以云。

"夫郤氏,晋之宠人也,三卿而五大夫,可以戒惧矣。高位实疾颠,厚味实腊毒。今郤伯之语犯,叔迁,季伐,犯则陵人,迂则诬人,伐则掩人。有是宠也,而益之以三怨,其谁能忍之? 虽齐国子亦将与焉。立于淫乱之国,而好尽言以招人过,怨之本也。唯善人能受尽言,齐其有乎? 吾闻之,国德而邻于不修,必受其福。今君逼于晋,而邻于齐,齐、晋有祸,可以取伯,无德之患,何忧于晋? 且夫长翟之人,利而不义,其利淫矣,流之若何?"

鲁侯归,乃逐叔孙侨如。简王十一年,诸侯会于柯陵。十二年,晋杀三郤。十三年,晋侯弑,于翼东门葬以车一乘。齐人杀国武子。

鲁君曾会诸侯于郑国西边柯陵地方,单襄公看见晋厉公眼睛朝远望,脚步高。晋郤锜见,说话好侵犯别人。郤犫见,说话迂曲多绕弯子随意栽诬人。郤至见,自己夸功。齐国佐见,说直话毫不掩护人之过失。鲁成公见,谈起晋国之难,及郤犫栽诬鲁国的话。

单子对鲁君说:"君何必忧? 我看晋国将有乱,首当其祸者,必其君与三郤也。"鲁侯说:"寡人常常忧愁,恐不免于晋国之祸,今日君言晋国有大乱,不知是天意,还是人事?"单襄公答道:"我非瞽史,安能知天道? 但是我观察晋君的容貌和三郤所说的话,恐怕要当灾。大凡君子之人,目不邪视,四体安详,行步有节,故只观一朝之容,可以知道他的心。眼睛不乱看,才是知礼义,脚不乱步,照顾眼睛。今日晋侯,大模大样,目光望着他处,脚步高,神不守舍,脚不照管眼睛,心不在焉。一个人目光和行路不相顾,还能长久乎?况且诸侯会合,大事也,国之存亡,于此可见。要是国家无事,观其君的声容举止,毫无舛错,则可以知他德性。要是目光散乱,日渐绝其视容恭之义;举步轻,日渐绝其足容重之德;说话不归一,日渐不能见信于人;耳乱听,日渐背离听明之德。在目光上考察他义不义,走路上察考他庄重不庄重,听他开口,知他有信实与否,察他听人说话,知他耳司听聪明不聪明。所以人一举一动,不可大意。如其耳目四肢,有一处不合法,必有坏事出来。如全不中礼,则国亦必亡。晋侯已丧失两件了,所以我如此说。

"至于郤氏,乃晋之宠幸大臣,家有三个卿,五个大夫,可不戒惧恐惧乎?官高防倾跌,吃厚味如服毒,今郤氏、伯氏出言伤人,叔氏说话不直又好冤诬人,季氏说话自夸,侵犯人者必欺凌人,不直者好诬人,自夸者好掩盖人面子。有大宠于国,又兼三种过失,谁能宽恕他?譬如齐国武子也要被累。在淫乱之朝,偏好尽情发议论,以举发人之过,此招怨之本也。从来惟善人肯听人忠言,齐焉能有此德?我闻古训,说本国有德而与不修德之国为邻,必因邻国之短更见我国之长。今君之国,一方面受逼于晋,一方与齐近邻,齐、晋如有祸,君之国可以乘时倡伯道,至于晋之无德,何用担忧?而长翟之人,如叔孙侨如,只知利不知义,贪利无厌,试将其驱逐如何?"

鲁侯竟将叔孙乔如驱逐。简王十一年,诸侯又在柯陵地方会。十二年,晋人遂杀三郤。十三年,晋侯果被他臣下所杀,在翼东门草草的用一乘车送葬。就在此一年中,齐人也将国武子杀了。

灵王二十二年谷洛斗

灵王二十二年,谷、洛斗,将毁王宫,王欲壅之。太子晋谏曰:"不可。晋闻古之长民者,不堕山,不崇薮,不防川,不窦泽。夫山,土之聚也;薮,物之归也;川,气之导也;泽,水之钟也。夫天地成而聚于高,归物于下,疏为川谷,以导其气;陂塘污庳,以钟其美。是故聚不阤崩,而物有所归;气不沉滞,而亦不散越。是以民生有财用而死有所葬。然则无夭昏札瘥之忧,而无饥寒乏匮之患,故上下能相固,以待不虞,古之圣王,唯此之慎。

"昔共工弃此道也,虞于湛乐,淫失其身,欲壅防百川,堕高堙庳,以害天下。皇天弗福,庶民弗助,祸乱并兴,共工用灭。其在有虞,有崇伯鲧,播其淫心,称遂共工之过,尧用殛之于羽山。其后伯禹念前之非度,厘改制量,象物天地,比类百则,仪之于民,而度之于群生。共之从孙四岳佐之,高高下下,疏川导滞,钟水丰物,封崇九山,决汩九川,陂鄣九泽,丰殖九薮,汩越九原,宅居九隩,合通四海。故天无伏阴,地无散阳,水无沉气,火无灾燀,神无间行,民无淫心,时无逆数,物无害生。帅象禹之功,度之于轨仪,莫非嘉绩,克厌帝心。皇天嘉之,祚以天下。赐姓曰姒,氏曰有夏,谓其能以嘉祉殷富生物也。祚四岳国,命以侯伯,赐姓曰姜,氏曰有吕,谓其能为禹股肱心膂,以养物丰民人也。

"此一王四伯,岂繄多宠?皆亡王之后也。唯能厘举嘉义,以有胤在下,守祀不替其典。有夏虽衰,杞、鄫犹在;申、吕虽衰,齐、许犹在。唯有嘉功,以命姓受祀,迄于天下。及其失之也,必有慆淫之心间之。故亡其氏姓,踣毙不振,绝后无主,湮替隶圉。夫亡者岂繄无宠?皆黄、炎之后也。唯不帅天地之度,不顺四时之序,不度民神之义,不仪生物之则,以殄灭无胤,至于今不祀。及其得之也,必有忠信之心间之。度于天地而顺于时动,和于民神而仪于物则,故高朗令终,显融昭明,命姓受氏,而附之以令名。若启先王之遗训,省其典图刑法,而观其废兴者,皆可知也。其兴者,必有夏、吕之功焉;其废者,必有共、鲧之败焉。今吾执政,无乃实有所避,而滑夫二川之神,使至于争明,以妨王宫,王而饰之,无乃不可乎!

"人有言曰:'无过乱人之门。'又曰:'佐饔者尝焉,佐斗者伤焉。'又曰:'祸不好不能为祸。'《诗》曰:'四牡骙骙,旟旐有翩。乱生不夷,靡国不泯。'又曰:'民之贪乱,宁为荼毒。'夫见乱而不惕,所残必多,其饰弥章。民有怨乱,犹不可遏,而况神乎?王将防斗川以饰宫,是饰乱而佐斗也,其无乃章祸且遇伤乎?自我先王厉、宣、幽、平而贪天祸,至于今未弭。我又章之,惧长及子孙,王室其愈卑乎!其若之何?

"自后稷以来宁乱,及文、武、成、康而仅克安

民。自后稷之始基靖民，十五王而文始平之，十
八王而康克安之，其难也如是。厉始革典，十四
王矣。基德十五而始平，基祸十五，其不济乎！
吾朝夕儆惧，曰：'其何德之修，而少光王室，以逆
天休？'王又章辅祸乱，将何以堪之？王无亦鉴于
黎、苗之王，下及夏、商之季，上不象天，而下不仪
地，中不和民，而方不顺时，不共神祇，而蔑弃五
则。是以人夷其宗庙，而火焚其彝器，子孙为隶，
下夷于民，而亦未观夫前哲令德之则。则此五
者，而受天之丰福，飨民之勋力，子孙丰厚，令闻
不忘，是皆天子之所知也。

"天所崇之子孙，或在畎亩，由欲乱民也。畎
亩之人，或在社稷，由欲靖民也。无有异焉。
《诗》云：'殷鉴不远，在夏后之世。'将焉用饰宫，
其以徼乱也？度之天神，则非祥也；比之地物，则
非义也；类之民则，则非仁也；方之时动，则非顺
也；咨之前训，则非正也；观之《诗》《书》，与民之
宪言，则皆亡王之为也。上下议之，无所比度，王
其图之！夫事，大不从象、小不从文、上非天刑、

下非地德、中非民则、方非时动而作之者,必不节矣。作又不节,害之道也。"

王卒雍之。及景王多宠人,乱于是乎始生。景王崩,王室大乱。及定王,王室遂卑。

灵王二十二年,在王城北边的谷水和那在王城之南的洛水,两条河流忽然冲到一处,水头相激,如同争斗,将地方冲毁,将淹到王宫了。王想雍防谷水,使谷水北出。太子晋进谏说:"不可。我闻古来作民上的,不毁高山,不增高低薮,不障塞川流,不决开水坝。因为山是土所聚处,薮泽是百物丛生处,河流乃通地气,泽堰乃众水所归。夫天地化生万物,高山聚之,下泽归之,又有川谷宣泄其气,有陂塘和低下润湿之地以长成其美。所以物质虽聚集,却不陁崩,而凡物皆有归宿。阴阳之气和平,不致郁闷,亦不致散乱。如是百物滋生,人有生养死葬之费,又无瘟疫、短命及疯癫等病,亦无饥寒穷乏之患。所以上下能相巩固,以预备意外之事,古之圣王,惟有小心这天时地利之差错。

"如从前共工氏无道,不知谨慎,只享快乐,荒淫无度,将地利全失。阻塞百川,把高山铲平,把低地填塞,以害天下,天不保佑,人不归心,祸乱齐作,共工氏遂灭亡。后来到有虞氏,有崇国的伯爵名鲧的,也大胆胡行,照共工氏样,也阻遏洪水,尧帝不恕他，将他在羽山正法。后来他的儿子伯禹，知他父所作不顺，重改办法，取象天地，比方万类，然后宣布政令于民，又斟酌轻重与国民适宜。共工氏弟兄之孙子，作为四岳之官助禹治水，高高下下，因其已然之形势，疏浚淤塞，蓄积池水润洒植物，将九州内之山全封高，将九州的河道全开通。将九州的水泽修堤防，九州的大泽数培壅，九州平原之地修治清爽。又有九州深奥有蔽藏之地，令民人可以安居，四海之内，交通便利，如此则四方远近，如同一家。天地之气交畅流通，天无久阴，地无亢阳，水无沉伏不宣之气，火灾亦少，鬼神不降灾，小民不敢放纵，四时调和，蝗虫之类不生。总是按照大禹之功，使政治上轨道，君臣上下，建立功业以顺天心。所以蒙上天福祚，永享天位，赐他的姓曰姒氏，封于夏地，是说他能作福保民也。尧又以四岳有功，封他作侯伯，赐姓曰姜，用国姓名吕，是说他能帮助禹王如手足心腹，能安养兆民。

"此四岳和一王，岂是多宠之臣？皆有罪之臣的后人，因他能向上自振，能够小心谨慎，守其先人家世，不敢有差错。到夏朝衰灭之后，杞、鄫二国还在。四岳之后如申、吕，虽衰微之时，齐、许二国，犹有他的子孙。总为他有大功，才能受封土，传禋祀。到了灭亡，必是背礼义胡行。至于绝后，后人一蹶不振了，甚至无人主祭，或者降为皂隶马夫。然则这一般灭亡的，岂是无宠，大半也是黄帝之后也。就为不懂天地之大道，不顺四时之气候，不敬鬼神，不按准生物之定则而多暴殄，弄得绝后，没有祭祀的后代。当其能得天命也，必是用忠信之心以变易那邪乱之行。凡事应天时、顺气节乃动，上和于神，下和于民，又以事物法则为标准，故高明善终，有光荣长久显耀，天子赐之姓，封之爵与民族，又随加之好名。只要遵照先王之遗训，考究其典礼、图像、刑法，而推求他的兴废，大略可知也。大凡兴者必是有夏、吕之功，废者必是有共、鲧的败德。如今我之执政，想是有些违背道理，得罪二川之神，使这二川之神，妖戾之气，喷出相争，以妨害王宫。王今乃欲强饰之，未免不可。

"古人有云：'休过乱人之门。'又云：'帮人烹馔的就得尝，帮人争打必受伤。'又说：'凡祸事，如不去喜好它，它亦不为汝祸。'《诗》云：'四匹马骙骙的走，那旗帜也翩翩，发生乱事不能平定，无有一国不灭的。'又说：'民之好乱，因王贪虐，任意做坏事。'夫明明看见乱事不动心，所残伤者必多，祸败之来也无法遮饰。可知人有好乱之心还按捺不住，何况神乎？王想防川斗去修葺宫室，是如同掩饰祸乱而帮助人争斗也，只怕要带伤吧。自从我先王那厉、宣、幽、平四代，也只为不知悔祸，所以祸败到于今不止。假如我又加甚，恐怕也害及子孙，王室也愈卑了，如何是好？

"自从先公后稷以来，小心谨慎，安宁那祸乱，到文、武、成、康之世才能仅仅平息。从后稷之初，求安靖平民，经过十五王之久，到文王时才平定，到康王十八代才安靖，乱之容易而安宁之难如此！知厉王不守成规，至今十四代。修德十五代才太平，到十五代时，我恐怕不济事了，所以日夜兢兢，不知如何修德，才好争光王室，以迎天福。今王乃张大乱事，如何得了！王何不看黎、苗之王，以及夏、商末年，上不象天，下不法地，中不和民，四方不知顺时而动，又不敬神，背弃这五则，所以乱作，人将他祖庙削平，宗器烧毁，子孙降为皂隶，比不上平民，又不见前代有德之君的做法。法此五则，受天之福，受百姓之供养，子孙安乐，名誉悠长，这都是天子所知的。

"大凡天之所厚，往往降为农民，由好乱也。田家子孙，或为帝王，由修德安民，此一定之理，不足奇也。《诗》云：'殷朝的前车之鉴并不远，就在夏后之世。'又何用修饰王宫去招祸乎？看来准之天神既不祥，比之地理又非义，准之民情又不仁，按之时序又不顺，考究前人古训又不正，论起《诗》《书》和民之法言，都是亡国之君所为。上上下下议论，真说不上好来，王看如何？夫一件事，大处不依天象，小处不合《诗》《书》，上不合天之刑法，下不合地利，中不从人心，四方不顺时，如此任意胡行，必无好处。而且动作无节制，此取祸害之道也。"

王依然不听，到底将谷水壅塞了。到周景王时多宠人，乱事遂生。景王崩，王室大乱。到定王时，王室式微了。

敬王十年刘文公与苌弘欲城周

敬王十年，刘文公与苌弘欲城周，为之告晋。

魏献子为政,说苌弘而与之,将合诸侯。

卫彪傒适周,闻之,见单穆公曰:"苌、刘其不殁乎?周诗有之曰:'天之所支,不可坏也。其所坏,亦不可支也。'昔武王克殷而作此诗也,以为饫歌,名之曰《支》,以遗后之人,使永监焉。夫礼之立成者为饫,昭明大节而已,少典与焉。是以为之日惕,其欲教民戒也。然则夫《支》之所道者,必尽知天地之为也。不然,不足以遗后之人。今苌、刘欲支天之所坏,不亦难乎?自幽王而天夺之明,使迷乱弃德,而即慆淫,以亡其百姓,其坏之也久矣,而又将补之,殆不可矣!水火之所犯,犹不可救,而况天乎?谚曰:'从善如登,从恶如崩。'昔孔甲乱夏,四世而陨。玄王勤商,十有四世而兴;帝甲乱之,七世而陨。后稷勤周,十有五世而兴;幽王乱之,十有四世矣。守府之谓多,胡可兴也?夫周,高山、广川、大薮也,故能生是良材,而幽王荡以为魁陵、粪土、沟渎,其有悛乎!"

单子曰:"其咎孰多?"曰:"苌叔必速及,将天以道补者也。夫天道导可而省否,苌叔反是,以诳刘子,必有三殃:违天,一也;反道,二也;诳人,三也。周若无咎,苌叔必为戮,虽晋魏子亦将及焉。若得天福,其当身乎!若刘氏,则必子孙实有祸。夫子而弃常法以从其私欲,用巧变以崇天灾,勤百姓以为己名,其殃大矣!"

是岁也,魏献子合诸侯之大夫于狄泉,遂田于大陆,焚而死。及范、中行之难,苌弘与之,晋人以为讨。二十八年,杀苌弘。及定王,刘氏亡。

周敬王十年,刘文公与苌弘想在成周修城,所以大夫苌弘命人到晋国去,请在成周修城。晋国此时是魏献子当国,一见苌弘十分投契,遂应允了,预备通知各国诸侯。

卫国大夫名彪傒的,恰去到周,听说此事,就告诉单穆公道:"苌、刘不落好收场了。周诗上说的:'凡天所支拄的柱子,是不能坏的。要是天所坏的,也无法支拄的。'从前武王克殷作此诗,用作餐饭时唱,名曰《支》。留与后人,每餐饭时,听了这歌好儆戒。夫礼法之中,有应恭恭敬敬站立而行的,名曰饫歌,不过是叫人明白大节目,使人知道恭敬形式的大体。故那诗不多用乐,只是略表威仪,是要人日知警惕,教民戒惧也。如此说知道天所支的道理者,必尽知天理了。不然,不足垂戒后人。今苌、刘想硬支持天所废坏者,岂不难哉!自从幽王无道,天把他聪明夺削,使他昏迷失德,专做坏事,失人心、丧王统,天废坏他久矣,想违背天意,替他弥补也不行了。譬比水火无情,人犯到犹不能救,而况背天乎?俗语说:'学好如登山,学坏如山崩。'从前孔甲乱了夏朝,四代就灭了。玄王兴起商朝,十四代才兴起;帝甲乱国,七代就了。后稷兴周,十五代才兴;幽王作乱,乱了十四代了。如此看来,乱亡之易,兴起之难如此!即就现在论,蒙天之福,所得保守的天禄,已不算少矣,焉能再兴?夫周家占据的河山,确有形胜财赋肥饶之地,所以生产繁多,乃幽王一味暴殄,把那森林高山,削成粪土、沟洫,不知改悔,尚何望乎?"

单子又问:"苌弘与刘文公两人谁的祸败最多?"答道:"苌叔必先遭殃,天道往往补人事所不及。天道是帮善人去恶人,今苌叔反背这道理,去欺骗刘子,必有三种殃:第一是违天,第二是反道,第三是骗人。我看要是周室不出乱事,苌叔必先受祸,就是晋之魏子,也不免遭失败。如其发得早,则祸尚轻,后人知戒惧尚可蒙福。如刘氏,必殃及子孙。魏献子背弃常法,以顺一己之私,用巧变以召天灾,劳苦百姓,以为己名,殃咎大矣。"

果然那年魏献子联合诸侯大夫于狄泉,田于大陆,竟被烧死了。等到范、中行那次祸难发生,苌弘也在里面,晋人来讨,敬王二十八年,苌弘被杀。到定王时,而刘氏亡。

鲁语

鲁饥

鲁饥，臧文仲言于庄公曰："夫为四邻之援，结诸侯之信，重之以婚姻，申之以盟誓，固国之艰急是为。铸名器，藏宝财，固民之殄病是待。今国病矣，君盍以名器请籴于齐？"公曰："谁使？"对曰："国有饥馑，卿出告籴，古之制也。辰也备卿，辰请如齐。"公使往。

从者曰："君不命吾子，吾子请之，其为选事乎？"文仲曰："贤者急病而让夷，居官者当事不避难，在位者恤民之患，是以国家无违。今我不如齐，非急病也。在上不恤下，居官而惰，非事君也。"

文仲以鬯圭与玉磬如齐告籴，曰："天灾流行，戾于弊邑，饥馑荐降，民羸几卒，大惧殄周公、太公之命祀，职贡业事之不共而获戾。不腆先君

之币器，敢告滞积，以纾执事，以救弊邑，使能共
职。岂唯寡君与二三臣实受君赐，其周公、太公
及百辟神祇，实永飨而赖之！"齐人归其玉而予
之籴。

　　鲁国荒年，臧文仲对庄公说道："四面邻国的互助，诸侯信用的结合，再加以婚姻同盟誓，为的国家有艰难危急。铸造钟鼎，收藏珍宝财物，防备人民灭绝病饿。现在国家有了灾难，吾君何不以珍宝到齐国请求买米？"庄公道："使谁去？"文仲答道："国家有了饥馑，做卿的去到他国请求买米，这是古代的制度。我备列卿位，请就命我到齐国去。"庄公于是就命他去。
　　文仲随往的人说道："国君没有命你去，你自己请求要去，岂不是选择职事？"文仲道："贤能的人急于为国家除去艰难，而避让平易的事，做官的当一种事就不避免艰难，在位的忧恤人民的祸患，所以国家行事全合理。现在我不去到齐国，就不能算急于为国家除去艰难。在上位而不忧恤下民，做官而懒惰，这不是事君的道理。"
　　文仲以祭祀用的邑圭和玉磬，到齐国请求买米，并对齐国说道："上天灾祸流行，至于弊邑，饥馑严重来临，人民病饿几乎死尽，恐怕断绝周公、太公的祭祀，职事进贡等不恭敬而得到罪戾。一点菲薄的先君币器，用来请求过剩的米，并且也可

以免去执事忧愁米谷的朽坏，救了弊邑饥荒，使能恭敬职位。这岂是寡君同二三臣子得到君的恩赐，从前的周公、太公、百王、天神、地祇，全得到恩赐，永远能享受祭祀。"齐国人退还他的玉，而让他买米。

齐孝公来伐

齐孝公来伐鲁，臧文仲欲以辞告，病焉，问于展禽。对曰："获闻之，处大教小，处小事大，所以御乱也，不闻以辞。若为小而崇，以怒大国，使加己乱，乱在前矣，辞其何益？"文仲曰："国急矣！百物唯其可者，将无不趋也。愿以子之辞行赂焉，其可赂乎？"

展禽使乙喜以膏沫犒师，曰："寡君不佞，不能事疆场之司，使君盛怒，以暴露于弊邑之野，敢犒舆师。"齐侯见使者曰："鲁国恐乎？"对曰："小人恐矣，君子则否。"公曰："室如悬磬，野无青草，何恃而不恐？"对曰："恃二先君之所职业。昔者成王命我先君周公及齐先君太公曰：'女股肱周室，以夹辅先王。赐女土地，质之以牺牲，世世子

孙无相害也。'君今来讨弊邑之罪，其亦使听从而
释之，必不泯其社稷，岂其贪壤地而弃先王之命，
其何以镇抚诸侯？恃此以不恐。"齐侯乃许为平
而还。

齐孝公来伐鲁国，臧文仲想用文辞告谢齐国，又愁想不出
话来说。便去问展禽。他答道："我曾听人说，处在大国的地
位，应当教导小国，处在小国的地位，应当事奉大国，所以能止
乱，不曾听过用文辞的。假使小国要自大，惹怒大国，这是增
加自己的罪恶。罪恶的来就在目前，文辞有什么用处？"文仲
道："国家现在危急了，凡百物件，但要能用来止乱的，全可以
拿去。我想借重你的辞令去行赂，能成功吗？"

展禽便令乙喜拿了膏沐去犒劳齐师，并且说道："寡君无
才，不能管理边境的小吏，使你们动怒，因此露宿在弊邑的野
外，我来犒劳众位军士。"齐侯见了鲁国使者乙喜，问道："鲁国
恐慌吗？"使者答道："小人很恐慌，君子并不恐慌。"齐侯说：
"你们府库空虚，年荒，野外连青草全不生，依恃什么而不恐
慌？"他答道："依恃我们两国先君周公、太公的职守。从前成
王命我国先君周公同齐国先君太公道：'你们保护周室，辅佐
武王。现在赐给你们土地，用牺牲为信约，你们世世代代的子
孙，不要互相残害。'现在你们来讨伐弊邑，也不过教我们听从

先王之言就释放了，必定不会灭亡我们国家。你们岂会贪得土地而违弃先王的遗命，这样还能镇抚其他的诸侯吗？君子依恃这些，所以并不恐慌。"齐侯便允许和平解决，退兵回去。

莒太子仆弑纪公

莒太子仆弑纪公，以其宝来奔。宣公使仆人以书命季文子曰："夫莒太子不惮以吾故，杀其君，而以其宝来，其爱我甚矣。为我予之邑。今日必授，无逆命矣。"里革遇之而更其书，曰："夫莒太子杀其君而窃其宝来，不识穷固，又求自迩，为我流之于夷。今日必通，无逆命矣。"明日，有司复命。公诘之，仆人以里革对。公执之，曰："违君命者，女亦闻之乎？"对曰："臣以死奋笔，奚啻其闻之也！臣闻之曰：'毁则者为贼，掩贼者为藏，窃宝者为宄，用宄之财者为奸。'使君为藏奸者，不可不去也。臣违君命者，亦不可不杀也。"公曰："寡人实贪，非子之罪。"乃舍之。

莒国太子名叫仆的，杀了他的国君纪公。拿了国里珍宝，逃奔到鲁国来。鲁宣公命仆人以诏书告季文子道："莒太子以我的原故,而不觉得杀他的国君为难,并且拿珍宝来送我,他是非常地爱我。你替我赐之以邑。今天就赐给他,不要违逆我的命令。"里革遇见仆人,就将诏书更改道："莒太子杀了国君,窃了珍宝逃来,不知道穷废,还想求居邻国,你替我将他驱逐到东夷。今天就要驱逐,不要违逆我的命令。"明天司寇来复命,说已将莒太子逐出境。宣公诧异诘问仆人,仆人说是里革更改诏书。公命人执里革,问道："违逆君命的是怎样处罚,你也曾听见过吗?"里革对道："臣拼死而写的,岂但听见过!臣听见说:'毁坏法则的叫贼,窝贼的叫藏,窃珍宝的叫宄,用宄贼钱财的叫奸。'使国君做藏奸的人,不可不将他除去。但是臣子违逆君命,也不可以不杀。"宣公说:"实在是寡人贪得,非你的罪过。"乃放了里革。

季文子相宣成

季文子相宣、成,无衣帛之妾,无食粟之马。仲孙它谏曰："子为鲁上卿,相二君矣,妾不衣帛,马不食粟,人其以子为爱,且不华国乎!"文子曰:"吾亦愿之。然吾观国人,其父兄之食粗而衣恶者犹多矣,吾是以不敢。人之父兄食粗衣恶,而

我美妾与马，无乃非相人者乎！且吾闻以德荣为
国华，不闻以妾与马。"

　　文子以告孟献子，献子囚之七日。自是子服
之妾，衣不过七升之布，马饩不过稂莠。文子闻
之曰："过而能改者，民之上也。"使为上大夫。

　　季文子做过宣、成两朝的宰相，家中没有穿绸的姬妾，没
有食粟的马。仲孙它谏道："你做鲁国的上卿，又做过二朝的
宰相，然而你妾不穿绸，马不食粟，外人必以你为吝啬，并且不
是国家的光华。"文子道："我也愿意奢华，不过我看见国里的
人，他的父兄衣食粗恶，非常之多，我所以不敢奢华。他人的
父兄衣食粗恶，而我有美妾同马，这不是宰相的态度。而且我
听说，有荣显道德的是国家的光华，没有听说以姬妾、马匹为
光华的。"

　　文子又将仲孙它说的话，告诉他的父亲孟献子。献子就
将仲孙它囚禁了七天。从此以后仲孙它的妾穿的不过粗布，
马吃的不过像狗尾草。文子听见便道："有过错而能够改变，
可算是上等的人。"便以仲孙它为上大夫。

季桓子穿井

　　季桓子穿井，获如土缶，其中有羊焉。使问

之仲尼曰:"吾穿井而获狗,何也?"对曰:"以丘之所闻,羊也。丘闻之:木石之怪曰夔、魍魉,水之怪曰龙、罔象,土之怪曰羵羊。"

季桓子掘井得到一个瓦盆,盆里有一只羊。于是他就叫人去问孔子道:"我掘井而得到一只狗,是什么道理?"孔子答道:"以我所知道的,应当是羊。我听说:木石的妖怪叫夔同魍魉,水里的妖怪叫龙同罔象,土里的妖怪叫羵羊。"

季康子问于公父文伯之母

季康子问于公父文伯之母,曰:"主亦有以语肥也?"对曰:"吾能老而已,何以语子?"康子曰:"虽然,肥愿有闻于主。"对曰:"吾闻之先姑曰:'君子能劳,后世有继。'"子夏闻之曰:"善哉!商闻之曰:'古之嫁者,不及舅姑,谓之不幸。'夫妇,学于舅姑者,礼也。"

季康子问公父文伯的母亲道:"您有什么佳言教训我?"文伯的母亲答道:"我但能终老而已,用什么话告诉你?"康子道:"虽然这样,但是我总希望得到你一句教训的话。"文伯的母道："我曾听见先姑说:'君子能卑谦勤劳,后代的子孙就不致废堕。'"子夏听见文伯母说的话道:"好啊! 我听说:'古时女子之嫁,不及侍奉舅姑,叫不幸。'做媳妇学于舅姑的就是礼。"

仲尼在陈

仲尼在陈,有隼集于陈侯之庭而死,楛矢贯之,石砮,其长尺有咫。陈惠公使人以隼如仲尼之馆问之。仲尼曰:"隼之来也远矣,此肃慎氏之矢也。昔武王克商,通道于九夷百蛮,使各以其方赂来贡,使无忘职业。于是肃慎氏贡楛矢、石砮,其长尺有咫。先王欲昭其令德之致远也,以示后人,使永监焉,故铭其栝曰'肃慎氏之贡矢',以分大姬,配虞胡公而封诸陈。古者分同姓以珍玉,展亲也;分异姓以远方之职贡,使无忘服也。故分陈以肃慎氏之贡。君若使有司求诸故府,其可得也。"使求,得之金椟,如之。

孔子在陈国,有只小老鹰,落到陈侯的院中便死了。有根楛木的箭，穿在鹰的身上，箭头是石头的，长一尺八寸。陈惠公便命人拿了小老鹰去问孔子。孔子道："这鹰的来处很远，这是肃慎氏的箭。从前武王克了商，通达道路到九夷百蛮，命各国用他们地方的货物来进贡，使他们不要忘记职分。于是肃慎氏就进贡楛木石头的箭，有一尺八寸长。先王想表明他的德化及于远方，并且告示后人，使他们得永远见到，所以刻铭词在箭羽上道：'肃慎氏进贡的箭。'将这些箭就分给太姬，太姬嫁给虞胡公，封在陈国。古时赐同姓以珍宝，是尊重至亲的意思；赐异姓以远方所进贡的物件，是叫他不要忘记服从的意思，所以分给陈国肃慎氏贡来的箭。你的国君如果命官吏到旧府库去寻找，总可以得到。"陈惠公命人去寻找，在金匮里寻得，同孔子所说的完全一样。

齐阎丘来盟

齐阎丘来盟，子服景伯戒宰人曰："陷而入于恭。"闵马父笑，景伯问之，对曰："笑吾子之大也。昔正考父校商之名颂十二篇于周大师，以《那》为首。其辑之乱曰：'自古在昔，先民有作。温恭朝夕，执事有恪。'先圣王之传恭，犹不敢专，称曰'自古'，古曰'在昔'，昔曰'先民'。今吾子之戒

吏人曰:'陷而入于恭。'其满之甚也! 周恭王能
庇昭、穆之阙而为'恭',楚恭王能知其过而为
'恭',今吾子之教官僚曰'陷而后恭',道将
何为?"

齐国的大夫间丘到鲁国来会盟,鲁国的子服景伯告诫宰
人道:"如果有过失,宁可近于恭敬。"闵马父听见在旁窃笑,景
伯问他,他答道:"笑你太骄满夸大。从前正考父在周朝的太
师处校商颂十二篇,他以《那》这篇列为首章,它的卒章上说:
'在从前古时,先代的人有所作为。早晚全极温柔恭谨,做事
恪敬。'先代圣王之传说恭敬,犹不敢自专,说是古代,既说古
代又说在从前,既说在从前又说先代的人。现在你告诫吏人
道:'如果有过失,宁可近于恭敬。'这岂不是太自满了! 周恭
王能遮掩昭王、穆王的过失,所以能称'恭'。楚恭王能自知过
失,所以能称'恭'。今你教官僚道'违失道理尚可为恭',如
果得道,将如何呢?"

齐语

桓公自莒反于齐

桓公自莒反于齐,使鲍叔为宰,辞曰:"臣,君之庸臣也。君加惠于臣,使不冻馁,则是君之赐也。若必治国家者,则非臣之所能也。若必治国家者,则其管夷吾乎!臣之所不若夷吾者五:宽惠柔民,弗若也;治国家不失其柄,弗若也;忠信可结于百姓,弗若也;制礼义可法于四方,弗若也;执枹鼓立于军门,使百姓皆加勇焉,弗若也。"桓公曰:"夫管夷吾射寡人中钩,是以滨于死。"鲍叔对曰:"夫为其君勤也。君若宥而反之,夫犹是也。"桓公曰:"若何?"鲍子对曰:"请诸鲁。"桓公曰:"施伯,鲁君之谋臣也。夫知吾将用之,必不予我矣。若之何?"鲍子对曰:"使人请诸鲁曰:'寡君有不令之臣在君之国,欲以戮之于群臣,故请之。'则予我矣。"桓公使请诸鲁,如鲍叔之言。

庄公以问施伯，施伯对曰："此非欲戮之也，欲用其政也。夫管子，天下之才也，所在之国，则必得志于天下。令彼在齐，则必长为鲁国忧矣。"庄公曰："若何？"施伯对曰："杀而以其尸授之。"庄公将杀管仲，齐使者请曰："寡君欲亲以为戮，若不生得以戮于群臣，犹未得请也，请生之！"于是庄公使束缚以予齐使，齐使受之而退。

比至，三衅、三浴之，桓公亲逆之于郊，而与之坐而问焉，曰："昔吾先君襄公筑台以为高位，田、狩、毕弋，不听国政，卑圣侮士，而唯女是崇，九妃六嫔，陈妾数百，食必粱肉，衣必文绣。戎士冻馁，戎车待游车之剪，戎士待陈妾之余。优笑在前，贤材在后，是以国家不日引，不月长，恐宗庙之不扫除，社稷之不血食，敢问为此若何？"管子对曰："昔吾先王昭王、穆王，世法文、武远绩以成名。合群叟比校民之有道者，设象以为民纪，式权以相应，比缀以度，薄本肇末，劝之以赏赐，纠之以刑罚，班序颠毛，以为民纪统。"桓公曰："为之若何？"管子对曰："昔者圣王之治天下也，参其国而伍其鄙，定民之居，成民之事，陵为之终，而慎用其六柄焉。"

桓公曰："成民之事若何？"管子对曰："四民者，勿使杂处，杂处则其言咙，其事易。"公曰："处士、农、工、商若何？"管子对曰："昔圣王之处士也，使就闲燕；处王，就官府；处商，就市井；处农，就田野。

"令夫士群萃而州处，闲燕则父与父言义，子与子言孝，其事君者言敬，其幼者言悌。少而习焉，其心安焉，不见异物而迁焉。是故其父兄之教不肃而成，其子弟之学不劳而能。夫是故士之子恒为士。

"令夫工群萃而州处，审其四时，辨其功苦，权节其用，论比协材，旦暮从事，施于四方，以饬其子弟，相语以事，相示以巧，相陈以功。少而习焉，其心安焉，不见异物而迁焉。是故其父兄之教不肃而成，其子弟之学不劳而能。夫是故工之子恒为工。

"令夫商群萃而州处，察其四时，而监其乡之资,以知其市之贾,负、任、担、荷,服牛轺马,以周四方,以其所有,易其所无,市贱鬻贵,旦暮从事于此,以饬其子弟,相语以利,相示以赖,相陈以知贾。少而习焉,其心安焉,不见异物而迁焉。是故其父兄之教不肃而成,其子弟之学不劳而能。夫是故商之子恒为商。

"令夫农群萃而州处,察其四时,权节其用,耒、耜、枷、芟,及寒,击槁除田,以待时耕;及耕,深耕而疾耰之,以待时雨;时雨既至,挟其枪、刈、耨、镈,以旦暮从事于田野。脱衣就功,首戴茅蒲,身衣被襫,沾体涂足,暴其发肤,尽其四支之敏,以从事于田野。少而习焉,其心安焉,不见异物而迁焉。是故其父兄之教不肃而成,其子弟之学不劳而能。是故农之子恒为农,野处而不昵。其秀民之能为士者,必足赖也。有司见而不以告,其罪五。有司已于事而竣。"

桓公曰:"定民之居若何?"管子对曰:"制国以为二十一乡。"桓公曰:"善。"管子于是制国以为二十一乡:工、商之乡六;士乡十五,公帅五乡焉,国子帅五乡焉,高子帅五乡焉。参国起案,以为三官。臣立三宰,工立三族,市立三乡,泽立三虞,山立三衡。

桓公曰:"吾欲从事于诸侯,其可乎?"管子对曰:"未可。国未安。"桓公曰:"安国若何?"管子对曰:"修旧法,择其善者而业用之,遂滋民,与无财,而敬百姓,则国安矣。"桓公曰:"诺。"遂修旧法,择其善者而业用之,遂滋民,与无财,而敬百姓,国既安矣。桓公曰:"国安矣,其可乎?"管子对曰:"未可。君若正卒伍,修甲兵,则大国亦将正卒伍,修甲兵,则难以速得志矣。君有攻伐之器,小国诸侯有守御之备,则难以速得志矣。君若欲速得志于天下诸侯,则事可以隐令,可以寄政。"桓公曰:"为之若何?"管子对曰:"作内政而寄军令焉。"桓公曰:"善。"

管子于是制国五家为轨,轨为之长;十轨为里,里有司;四里为连,连为之长;十连为乡,乡有良人焉。以为军令:五家为轨,故五人为伍,轨长帅之;十轨为里,故五十人为小戎,里有司帅之;

四里为连,故二百人为卒,连长帅之;十连为乡,故二千人为旅,乡良人帅之;五乡一帅,故万人为一军,五乡之帅帅之。三军,故有中军之鼓,有国子之鼓,有高子之鼓。春以蒐振旅,秋以狝治兵。是故卒伍整于里,军旅整于郊。内教既成,令勿使迁徙。伍之人,祭祀同福,死丧同恤,祸灾共之。人与人相畴,家与家相畴,世同居,少同游。故夜战声相闻,足以不乖,昼战目相见,足以相识,其欢欣足以相死。居同乐,行同和,死同哀,是故守则同固,战则同强。君有此士也三万人,以方行于天下,以诛无道,以屏周室,天下大国之君,莫之能御。

齐桓公从莒国回到齐国,命鲍叔为太宰。鲍叔辞谢道:"我乃是君凡庸无能之臣,君加恩惠于臣,令不受冻饿,便是君的赏赐了。如果要平治国家,那不是我能做得到的。如果必定要求治国家的,就只有管夷吾。我不如夷吾的有五件:待人宽惠,百姓安和,我不如他;治理国家不舍本逐末,我不如他;忠信之诚结合百姓,我不如他;创制礼义可为四方法则,我不如他;手拿鼓槌在军门击鼓,能使百姓增加勇敢,我不如他。"

桓公道:"管夷吾曾射我中了带钩,几乎被他射死。"鲍叔答道:"他是为他的国君而射。你如果赦了他的罪,他也就能反过来帮你。"桓公道:"怎样叫他回来?"鲍叔答道:"可以向鲁国请求。"桓公道:"施伯是鲁国的谋臣,假使他知道我要用管夷吾,必定就不肯还给我的,如何办法?"鲍叔答道:"命人到鲁国请求说道:'寡君有一个不良的臣子在贵国,想将他诛戮以警示群臣,所以来请求给我们。'这样他就肯还给我们了。"桓公于是就命人到鲁国请求,照鲍叔所说的一样。

鲁庄公就问施伯,施伯答道:"这并非要诛戮夷吾,要用他掌管政事。像管子是天下奇才,他所在的国必定能得志于天下。如果令他到齐国,那必定成为鲁国的忧患。"庄公道:"如何办法?"施伯答道:"杀了他,将他的尸体给齐使者。"庄公将要杀管仲,齐使者请求道:"寡君将亲自诛戮,如不能将他生还诛戮以示群臣,那等于不曾请求得了,请使他生还!"于是庄公命捆绑了管仲,给齐使者。齐使者接受了,就退下来回到齐国。

等到了,就将管仲三次薰香、三次沐浴,桓公亲自到郊外迎接,同他并坐问他道:"从前我国先君襄公,建筑高台以自尊贵,田猎围捕禽兽,网兔射鸟,不听理国家政事,卑贱圣贤,侮辱士人。但爱好女色,有九妃六嫔,姬妾数百。食必定要粱肉,衣服必定要文绣。兵士冻饿,兵车要等制造游戏的车子所残阙的,兵士的一切要等置妾的余闲。倡优居前,贤材置诸脑后。是以国家不能壮大，不能强盛，日益积弱。恐怕宗庙都无人扫除，社稷也无血食祭祀。请问你当如何治理？"管子答道："从前我们先王昭王、穆王，世代效法文、武典则，所以能成功名。会合老者考察其德行道艺，陈设宪法以为人民的规则，治政用民使平均相等，联合百姓使有法度，先正其根本，再平其微末，用赏赐来奖励，用刑罚来纠正，以头发的黑白叙列长幼的等级，以为治民的经纪。"桓公道："这个如何做法？"管子答道："从前圣王的治天下，三分国都，以为三军，五分郊野为五属，使士、农、工、商各居其职，各成就他的事业。死丧制为葬埋的礼，而谨慎地用生、杀、贫、富、贵、贱六种权柄。"

桓公道："如何成就人民的事业？"管子答道："士、农、工、商四种人民，不要使他们夹杂居处，杂处就言论紊乱，做事多变动。"桓公道："如何处士、农、工、商？"管子答道："从前圣王令士人住在清静的地方，工人住在官府的左近，商人住在街市上，农人住在田野。

"令士人聚集州邑，清静无事。为人父的皆知道讲仁义，为人子皆孝顺，事君皆知道恭敬，年幼的能敬长上。从小时就习惯如此，心意安逸，不看见外物而意志变迁。所以父兄的教训不必严肃，自然感化，子弟学问不必劳苦，自能成就。是以士人的子孙仍旧是士人。

"令工人聚集州邑，审察四时之宜而建造，辨别原料的坚牢和脆弱，平均木料的大小轻重而应用，选择好坏和性的刚柔。早晚工作,运输到四方,并且又教给他的子弟,互相讨论,互相告诉巧妙的方法,工作成果互相陈列展示比较而有赏。从小时就习惯如此,心意安逸,不看见外物而意志变迁。所以父兄的教导不必严肃,自能成就,子弟的学习不必劳苦,自然就会。是以工人的儿子仍旧是工人。

"令商人聚集州邑,审察四时所需物品,看乡里物品的贵贱有无,知道市上货物的价值。或将货物背负着、抱着、肩挑着、担着,或驾牛车、马车,周遍四方。拿了所有的物品,掉换所没有的物品。贱价买进,贵价卖出。早晚做这些事,并且用来教他们的子弟,互相讨论生利赢余,互相告示货物的价值。从小时就习惯如此,心意安逸,不看见外物而意志变迁。所以父兄的教导不必严肃,自能成就,子弟学习不必劳苦,自然就会。是以商人的儿子仍旧是商人。

"令农人聚集州邑,审察四时天时之宜而种植,分别农具的用途,如锄头、连枷、大镰等。到季冬大寒之后,便铲除田里枯草,预备春天耕种;等到耕种时,将土耕得很深而很快地将土摩平,以待下雨;一下雨就拿着桩、镰、铲、锄等,早晚工作于田野。脱去衣服,戴了茅蒲的笠帽,身上穿了蓑衣,身体沾湿,泥污满脚,毛发皮肤为日光所曝晒,用尽四肢的能力,工作于田野。从小时就习惯如此,心意安逸,不看外物而意志变迁。所以父兄的教导不必严肃,自能成就,子弟学习不必劳苦,自然就会。是以农人的儿子仍旧是农人,住在野外而没有邪恶的心。人民中秀杰能为士人的，有所依赖。官吏看见而不来告诉，罪在五刑，官吏应当将事做完了，才可退去。"

桓公道："定人民的居处应当怎样？"管子对道："分国都为二十一乡。"桓公道："好的。"管子就分国都为二十一乡：工、商的乡分为六区；士人的乡分为十五区，桓公自率领五乡，国子率领五乡，高子率领五乡。国中分为三界，设立三种官职，立三乡管理群臣，立三属管理工人，立三乡管理商人，立三虞管理川泽，立三衡管理山林。

桓公又问道："我想征讨诸侯，可以不可以？"管子对道："不可以。国家还没有安治。"桓公道："安治国家应当如何？"管子对道："修定古代礼法，选择好的而采用，使人口增加，兴办事业赈救贫苦，而敬爱百姓，那么国家就太平了。"桓公道："对的。"就修定古代礼法，选择好的而采用，使人口增加，兴办事业赈救贫苦，爱敬百姓，齐国果然太平。桓公又问道："国家既然太平，可以去征伐诸侯吗？"管子答道："不可以。君如果整顿军队，修治甲兵，那大国也整顿军队，修治甲兵。君有攻伐的器械，小国诸侯也有抵制的军备，这样是不容易得志的。君如果想立刻得志天下的诸侯，军令应当隐匿，附托在国内政事里。"桓公道："怎样去做？"管子对道："在国内政事里附托军令。"桓公道："对的。"

管子于是分五家为一轨，一轨里立个轨长；十轨为一里，一里立个有司；四里为一连，一连里立个连长；十连为一乡，一乡有个乡大夫。执掌军令者：五家为一轨，所以五人为一伍，由轨长率领；十轨为一里，所以五十人为小戎，里有司率领；四里为一连，所以二百人为卒，连长率领；十连为一乡，所以二千人为旅，乡大夫率领；五乡为一帅，所以一万人为一军，五乡的帅率领。三军由国君同国子、高子率领，所以三军里有中军的鼓声，有国子的鼓声，有高子的鼓声。春天田猎就整顿军旅，秋天田猎就治兵，是以卒伍整于里内，军旅整治于郊外。内里政教既成，令他们不得迁移。伍人祭祀同享福，死丧同忧恤，祸灾共受。人同人来往，一家同一家来往，世代同住，少年同游。所以夜间要征战，大家声音全听得见，不致于离散。白天征战，大家全可以看见，并且全相识。有欢乐的情感，就互相出死力救助。住家同欢乐，行路同伴，死了同悲哀，所以能坚固的守御，奋勇的争战。君有这样的兵士三万人，横行天下，诛戮无道，为周室的屏藩，天下大国的君主全不能抵挡。

桓公欲从事于诸侯

桓公曰：“吾欲从事于诸侯，其可乎？”管子对曰：“未可。邻国未吾亲也。君欲从事于天下诸侯，则亲邻国。”桓公曰：“若何？”管子对曰：“审吾疆场，而反其侵地。正其封疆，无受其资，而重

为之皮币,以骤聘眺于诸侯,以安四邻,则四邻之
国亲我矣。为游士八十人,奉之以车马、衣裘,多
其资币,使周游于四方,以号召天下之贤士。皮
币玩好,使民鬻之四方,以监其上下之所好,择其
淫乱者而先征之。"

桓公道:"我想征伐诸侯,可以不可以?"管子对道:"不可
以。邻国还没有同我们亲近。君想征伐诸侯,先要亲近邻
国。"桓公道:"怎样?"管子对道:"审定我们的疆界,退还从前
侵取邻国的土地。划正他们的边境,不要取他们的资财。用
极重的货币,令大夫礼聘于诸侯,安靖四面邻国,使四邻的国
家全同我亲近。选游说之士八十人,奉了车马、衣裘、货币,令
他们周游四方,去号召天下的贤士。皮币同无用的玩物,令人
民卖到四方,以观各国上下人的好恶,择淫乱的,而先出兵
征伐。"

狄人攻邢

狄人攻邢,桓公筑夷仪以封之。男女不淫,
牛马选具。狄人攻卫,卫人出庐于曹,桓公城楚
丘以封之。其畜散而无育,桓公与之系马三百。

天下诸侯称仁焉。于是天下诸侯知桓公之非为己动也，是故诸侯归之。

桓公知诸侯之归己也，故使轻其币而重其礼。故天下诸侯，罢马以为币，缕綦以为奉，鹿皮四个。诸侯之使，垂囊而入，捆载而归。故拘之以利，结之以信，示之以武，故天下小国诸侯，既许桓公，莫之敢背，就其利而信其仁，畏其武。桓公知天下诸侯多与己也，故又大施忠焉。可为动者为之动，可为谋者为之谋。军谭、遂而不有也，诸侯称宽焉。通齐国之鱼盐于东莱，使关市几而不征，以为诸侯利，诸侯称广焉。筑葵兹、晏、负夏、领釜丘以御戎狄之地，所以禁暴于诸侯也。筑五鹿、中牟、盖与、牡丘，以卫诸夏之地，所以示权于中国也。教大成，定三革，隐五刃，朝服以济河而无怵惕焉，文事胜矣。是故大国惭愧，小国附协。唯能用管夷吾、宁戚、隰朋、宾胥无、鲍叔牙之属而伯功立。

狄人攻邢国，桓公迁邢到夷仪，并且为他们建筑好了，邢国的男女全没有淫乱抢掠的事。狄人又攻卫国，卫国逃到曹邑,桓公迁他们到楚丘,为他们造了城墙。他们的牲畜全散失没有养育的,桓公给他厩中的良马三百匹。天下诸侯全称颂桓公的仁义。于是天下诸侯知道桓公不是为自私而举动,所以诸侯都归顺桓公。

桓公知道诸侯归顺自己,于是令减轻诸侯的贽敬,而酬答的礼物极重。所以天下诸侯用老弱马作贽敬,用布缕衬玉帛供奉,鹿皮四散。诸侯使者空囊而来,满载而归。用利来引诱他们,用信实来结合,用武备来示威,所以天下小国的诸侯,既受桓公的盟约,没有背叛的,因为希望他的财利,信仰他的仁义,畏惧他的武力。桓公知道天下诸侯多半归顺他,所以又大大地施行忠信。可帮助他们的就帮助,可代他谋划的就谋划,灭了谭、遂而自己不取,分给诸侯,诸侯称扬他宽厚。通齐国的鱼盐到东莱,各关口但查而不征税,便利诸侯,诸侯称颂他广惠。筑了葵兹、晏、负夏、领釜丘四处的关塞,以抵挡戎狄来抢掠诸侯。造了五鹿、中牟、盖兴、杜丘四处的关塞,以捍卫中国地方,表示他的威权于中国。政教完成,甲盾兵器全藏匿不用,西行渡河去平晋国而没有恐惧的心,文事也完备了。所以大国惭愧,小国全服从。只因他能用管夷吾、甯戚、隰朋、宾胥无、鲍叔牙一班贤人,而成霸业。

晋语

武公伐翼

武公伐翼,杀哀侯。止栾共子曰:"苟无死,吾以子见天子,令子为上卿,制晋国之政。"辞曰:"成闻之:'民生于三,事之如一。'父生之,师教之,君食之。非父不生,非食不长,非教不知。生之族也,故壹事之。唯其所在,则致死焉。报生以死,报赐以力,人之道也。臣敢以私利废人之道,君何以训矣?且君知成之从也,未知其待于曲沃也。从君而贰,君焉用之?"遂斗而死。

曲沃武公去讨伐翼哀侯,杀了哀侯。对哀侯臣子栾共子说道:"你如果不死,我带你见天子,令你为上卿,管理晋国政事。"栾共子辞谢道:"我听说民生于三种,侍奉道理当一样。父母生我们的身体,师教我们善道,人君分给土田使我们得饮食。人非父母不能生,非有饮食不能长大,非有教导不知道理,所以这三种当一样的侍奉。随其所在服勤至死。以死报答生我们的人,以劳力报答人的赐惠,这是人生常道。我不敢以你给上卿的私利,而废人生的常道。你这样哪能教人为忠?而且你知道我随君同死是从臣道,所以叫不要死。你不知我不死再侍奉你就是贰臣,从你而二心,你何必要?"于是战斗而死。

献公伐骊戎

献公伐骊戎,克之,灭骊子,获骊姬以归,立以为夫人,生奚齐。其娣生卓子。骊姬请使申生主曲沃以速悬,重耳处蒲城,夷吾处屈,奚齐处绛,以儆无辱之故。公许之。

史苏朝,告大夫曰:"二三大夫其戒之乎,乱本生矣!日,君以骊姬为夫人,民之疾心,固皆至矣。昔者之伐也,兴百姓以为百姓也,是以民能欣之,故莫不尽忠极劳,以致死也。今君起百姓以自封也,民外不得其利,而内恶其贪,则上下既有判矣。然而又生男,其天道也?天强其毒,民疾其态,其乱生哉!吾闻君子好好而恶恶,乐乐而安安,是以能有常。伐木不自其本,必复生;塞水不自其源，必复流；灭祸不自其基，必复乱。今君灭其父而畜其子，祸之基也。畜其子，又从其欲，子思报父之耻，而信其欲，虽好色，必恶心，不可谓好。好其色，必授之情。彼得其情以厚其欲，从其恶心，必败国，且深乱。乱必自女戎，三代皆然。"骊姬果作难，杀太子而逐二公子。君子曰："知难本矣。"

晋献公打胜了骊戎，灭掉骊戎国君，捉得骊戎君女儿骊姬，立他做夫人，生了奚齐。他的妹子生了卓子。骊姬请命太子申生到曲沃，使他同献公断绝。命公子重耳到蒲城，夷吾到北屈，奚齐到绛，防备戎狄，使国家不受外夷的耻辱。献公便允许他。

史苏上朝告诉各大夫道："你们二三大夫应自戒备，祸乱将发生！国君以骊姬做夫人，人民怨恨国君的心都很深了。从前的国君用百姓争战是替百姓除害，是以人民全欣戴他，莫不尽忠极劳出死力。现在国君用百姓来自利，人民外面不能得到攻伐利益，内里怨恨国君贪狠，上下离叛。然而骊姬又生男儿，这是天道吗？天强盛他的恶毒，人民又痛恨他的行为，这祸必定要发生！我听说君子爱好美善，而恶恨凶恶，乐其所乐，而安于所安，所以能长久。砍树木不砍树根，必定仍能生长;塞水不塞来源,必定仍旧流通;灭祸不从根本铲除,必定仍旧为乱。现在国君灭人之父而蓄养其子,这就是祸害的根本。蓄养她的儿子任她为所欲为,她想报杀父之耻,而满足她的欲望,即使她美丽,存心凶恶,不可谓美。国君既爱好她的美色,必顺从她的心愿,她既能如愿,欲望更大,任纵恶毒的心,必定败坏国事,且有极大祸乱。祸乱必出自女戎,三代皆如此。"后来骊姬果作乱,杀太子申生,驱逐公子重耳、夷吾。君子人说:"史苏真能知道祸难的来源。"

优施教骊姬夜半而泣

优施教骊姬夜半而泣,谓公曰:"吾闻申生甚好仁而强,甚宽惠而慈于民,皆有所行之。今谓君惑于我,必乱国,无乃以国故而行强于君,君未终命而不殁,君其若之何? 盍杀我,无以一妾乱百姓。"公曰:"夫岂惠其民而不惠于其父乎?"骊姬曰:"妾亦惧矣。吾闻之外人之言曰:为仁与为国不同。为仁者,爱亲之谓仁;为国者,利国之谓仁。故长民者无亲,众以为亲。苟利众而百姓和,岂能惮君? 以众故,不敢爱亲,众况厚之,彼将恶始而美终,以晚盖者也。凡民利是生,杀君而厚利众,众孰沮之?杀亲无恶于人,人孰去之?苟交利而得宠,志行而众悦,欲其甚矣,孰不惑焉?虽欲爱君,惑不释也。今夫以君为纣,若纣有良子,而先丧纣,无章其恶,而厚其败。钧之死也,无必假手于武王,而其世不废,祀至于今,吾岂知纣之善否哉?君欲勿恤,其可乎?若大难至,而恤之,其何及矣?”公惧曰:“若何而可?”骊姬曰:“君盍老而授之政,彼得政而行其欲,得其所索,乃其释君,且君其图之!自桓叔以来,孰能爱亲?唯无亲,故能兼翼。”公曰:“不可与政,我以武与威,是以临诸侯,未殁而亡政,不可谓武,有子而弗胜,不可谓威。我授之政,诸侯必绝。能绝于我,必能害我。失政而害国,不可忍也。尔勿忧,吾将图之!”

骊姬曰:“以皋落狄之朝夕苟我边鄙,使无日以牧田野,君之仓廪固不实,又恐削封疆。君盍使之伐狄,以观其果于众也,与众之信辑睦焉。若不胜狄,虽济其罪可也。若胜狄,则善用众矣,求必益广,乃可厚图也。且夫胜狄,诸侯惊惧,吾边鄙不儆，仓廪盈，四邻服，封疆信，君得其赖，又知可否，其利多矣。君其图之!"公说，是故使申生伐东山，衣之偏裻之衣，佩之以金玦。仆人赞闻之曰："太子殆哉! 君赐之奇，奇生怪，怪生无常，无常生不立。使之出征，先以观之，故告之以离心，而示之以坚忍之权，则必恶其心而害其身矣。恶其心，必内险之;害其身，必外危之。危自中起，难哉! 且是衣也，狂夫阻之衣也。其言曰：'尽敌而反。'虽尽敌，其若内谗何?"申生胜狄而反，谗言作于中。君子曰："知微。"

有个优伶名叫施的，他教骊姬在半夜哭着，对献公说道："我听说申生性好仁而刚强，宽惠而慈爱人民，他这样全是有目的的。现在他说君为我所迷惑，必定要乱国，因为国家的缘故，而行强暴于君，君不得善终，如何是好? 何不先杀我，不要以我一妾而扰乱百姓。"公说："岂有慈爱百姓的人，而不爱他的父亲?"骊姬说："我很惧怕的。我听外边人说：为仁和治国不同，为仁的爱敬其亲叫仁，治国的能有利国家叫仁。所以为民长上的不顾私亲，以民众为亲。倘使有利于众，百姓和顺，他怕什么不杀君? 以众人之故，不顾私亲，众人对他感情更厚。他将先为恶人，再做善人，以后善掩前恶。凡为民生利，杀君而于众有厚利,众人决不破坏。杀其亲与众人无恶,众人决不去掉他。如果得宠而又有利,志愿得行,众人又喜悦,他一定极想做的,国人谁不被他诱惑。虽有爱君之心,终不能解脱诱惑。譬如君是纣,倘使纣有良子,先自己杀掉纣,不使纣恶彰明,有重大失败。同一样的死,何必让武王来杀,而且后代也不会灭绝,到现在我们决不知道纣为人善恶,君想不忧虑,这可能吗?如果大难既至而忧愁,也来不及了!"献公惊吓地问道:"如何是好?"骊姬道:"君何不称老,将政事传给申生,他得了政权,行所欲为,满足奢望,可以放掉你。君细细的考虑,从桓叔以来,谁能爱亲,不爱其亲,所以能兼并翼。"献公说:"不可给他政权。我以武威临诸侯,未死而失去政权,不能算武。有子而不能胜,不能算威。我将政权传给他,诸侯必同我断绝,能同我断绝,必能害我。失了政权而有害于国,这事不可忍耐。你不必忧愁,我来想主意。"

骊姬说:"以东山皋落狄人,早晚侵扰我们边界,使没有一天得安静牧于田野,国家的仓廪本不充实,又怕他来削掠我们边界。君何不命申生去伐狄,看他对众能果断不能,和众人是否果真和辑。如果他不能胜狄,虽加他以罪也可以。如能胜狄,那是善于用众,奢望益大,才可以想法子。而且胜狄,诸侯全惊惧,我们边界安宁,仓廪充实,四邻服从,土地完整,君得其利,又知可以不可以做,益处极多。君想想看!"献公听见很快悦,于是就命申生去伐东山,穿了偏裂的衣,佩了金玦。太子仆人叫赞的,听见这个信息说道："太子很危险！君赐他奇异衣服，夫奇异生怪诞，怪诞生无常，无常生，太子必不得立。命他出征，是先试探他，所以赐他偏裻之衣、金玦，是表明他有离异的心和坚忍之权，那么他们必定对他有恶恨的心，而想害他。既有恶恨他的心，必在内里陷害他，要害他必叫他攻伐，做危险的事。险难自国中发生，太子有祸难了！而且这个衣服，是狂夫罚咒的衣服。他的说法是：'杀尽敌人才回来。'即使太子能杀尽敌人，对于谗言有什么法子？"申生战胜了狄人回来，内中果真有人说他的坏话。君子人道："仆人赞真是能知事机了。"

反自稷桑

反自稷桑，处五年，骊姬谓公曰："吾闻申生之谋愈深。日，吾固告君曰得众，众不利，焉能胜狄？今矜狄之善，其志益广。狐突不顺，故不出。吾闻之，申生甚好信而强，又失言于众矣。虽欲有退，众将责焉。言不可食，众不可弭，是以深谋。君若不图，难将至矣！"公曰："吾不忘也，抑未有以致罪焉。"

骊姬告优施曰："君既许我杀太子而立奚齐矣，吾难里克，奈何？"优施曰："吾来里克，一日而已。子为我具特羊之飨，吾以从之饮酒。我优也，言无邮。"骊姬许诺，乃具，使优施饮里克酒。中饮，优施起舞，谓里克妻曰："主孟陷我，我教兹暇豫事君。"乃歌曰："暇豫之吾吾，不如鸟乌。人皆集于苑，己独集于枯。"里克笑曰："何谓苑？何谓枯？"优施曰："其母为夫人，其子为君，可不谓苑乎？其母既死，其子又有谤，可不谓枯乎？枯且有伤。"

优施出，里克辟奠，不餐而寝。夜半，召优施曰："曩而言戏乎？抑有所闻之乎？"曰："然。君既许骊姬杀太子而立奚齐，谋既成矣。"里克曰："吾秉君以杀太子，吾不忍。通复故交，吾不敢。中立其免乎？"优施曰："免。"

旦而里克见丕郑曰："夫史苏之言，将及矣。优施告我，君谋成矣，将立奚齐。"丕郑曰："子谓何？"曰："吾对以中立。"丕郑曰："惜也！不如曰不信以疏之，亦固太子以携之，多为之故，以变其志，志少疏，乃可间也。今子曰中立，况固其谋也，彼有成矣，难以得间。"里克曰："往言不可及也，且人中心唯无忌之，何可败也！子将何如？"
丕郑曰："我无心。是故事君者，君为我心，制不
在我。"里克曰："弑君以为廉，长廉以骄心，因骄
以制人家，吾不敢。抑挠志以从君，为废人以自
利也，利方以求成人，吾不能。将伏也。"明日，称
疾不朝。三旬，难乃成。

骊姬以君命命申生曰："今夕君梦齐姜，必速
祠而归福。"申生许诺，乃祭于曲沃，归福于绛。
公田，骊姬受福，乃置鸩于酒，置堇于肉。公至，
召申生献。公祭之地，地坟。申生恐而出。骊姬
与犬肉，犬毙，饮小臣酒，亦毙。公命杀杜原款，
申生奔新城。

杜原款将死，使小臣圉告于申生曰："款也不
才，寡智不敏，不能教导，以至于死。不能深知君
之心度，弃宠求广土而窜伏焉，小心狷介，不敢行
也。是以言至而无所讼之也，故陷于大难，乃逮
于谗。然款也不敢爱死，唯与谗人钧是恶也。吾
闻君子不去情，不反谗，谗行身死可也，犹有令名
焉。死不迁情，强也。守情说父，孝也。杀身以

成志，仁也。死不忘君，敬也。孺子勉之！死必遗爱，死民之思，不亦可乎？"申生许诺。

人谓申生曰："非子之罪，何不去乎？"申生曰："不可。去而罪释，必归于君，是怨君也。章父之恶，取笑诸侯，吾谁乡而入？内困于父母，外困于诸侯，是重困也。弃君去罪，是逃死也。吾闻之：'仁不怨君，智不重困，勇不逃死。'若罪不释，去而必重。去而罪重，不智。逃死而怨君，不仁。有罪不死，无勇。去而厚怨，恶不可重，死不可避，吾将伏以俟命。"

骊姬见申生而哭之，曰："有父忍之，况国人乎？忍父而求好人，人孰好之？杀父以求利人，人孰利之？皆民之所恶也，难以长生。"骊姬退，申生乃雉经于新城之庙。将死，乃使猛足言于狐突曰："申生有罪，不听伯氏，以至于死。申生不敢爱其死。虽然，吾君老矣，国家多难，伯氏不出，奈吾君何？伯氏苟出而图吾君，申生受赐以至于死，虽死何悔？"是以谥为共君。

晋献公自从伐东山战于稷桑之后，约过了五年光景，他的宠妃骊姬，要害公子申生。她对献公说："你的大儿子申生，要谋害你，现今愈过愈急了！我从前早已告诉君，说申生得人心，如其不是大众归心，何以能帮他胜狄？如今他倚着善于用众而克狄，胆子更大了，狐突以为不顺，故不肯出来。我听人说申生讲信用，又敢作敢为，如其不动作，是又失信于众人了。众人如质问他，他已说出口的不肯反悔，况众人鼓动，没法消弭，所以计划日深。如君不防备，大祸将临了！"献公说："知道了，我谨防他，但没有罪名加他。"

骊姬就告诉优人名施的计划此事，说："吾国君既许我杀太子而立奚齐，但是我怕那里克，如何是好？"优施答道："我只消一日之功，能回转里克之心，叫他来顺着我们。烦你替我办一席酒，我请他来饮酒。我乃优人也，说话无过错。"骊姬允许，就预备下酒席，命优施约里克饮酒。当酒喝到半酣的时候，优施立起来舞着，望着里克的夫人说道："主妇你请我饱餐，我教你消闲的法门好事君。"于是唱道："那快乐消闲的事君之道，但是吾吾然不敢冒昧去亲近人，真个不如鸟雀和乌鸦了。你看人都站在茂盛的树木上，我偏守着枯枝儿。"里克笑道："如何是茂盛树？如何是枯枝？"优施说："其母为夫人，其子有为君之希望，岂非站在茂树上？如其是母已死了，儿子又被人毁谤，岂非站在枯枝上？而且被人毁谤，未有不受祸的。"

优施唱罢出去，里克想起申生的环境十分危险，登时忧愁,不能吃饭,不能安睡。夜半将优施唤来,问:"今日你所说,是取笑?是有所闻?"答道:"实有所闻,君已许骊姬杀太子立奚齐,计划早定矣!"里克说:"我奉君命杀太子,我不忍。如与太子通报顾私交,吾又不敢。不如中立吧,或可免祸。"优施说:"使得。"

次日里克去见丕郑,说道:"史苏从前的话应了,祸事不远了!优施告诉我,君之谋已成,将立奚齐。"丕郑问:"你将如何?"里克说:"我想中立。"丕郑说:"此言差矣!不如向他说你不赞成,使他不敢就做,再保护太子去离开那骊姬之党,再多设疑计,使之心乱。待他主意不坚牢,才可离开他。今日你说中立,是叫他稳固谋划矣!他们计划已成矣,安能离开?"里克说:"一言既出,驷马难追。我看人只要立定主意不畏难,何所顾忌?丕郑你将如何?"丕郑说:"我无自主之心。所以事君者以君为心,则己身不能自主。"里克说:"弑君以自利,更因而长骄心。又因骄心去挟制人家父子,我不为也。要是屈自己之本心,顺从人君废嫡立庶以自利,亦不为。如其借名义以为太子求成,我又无力,只有退隐而已。"次日即以病请退休,不上朝。三旬,而申生之祸乃成。

骊姬假传君命,向太子道:"昨夜你父王梦见你母,必须速办祭祀,再将祭的胙肉送来求福。"申生不知是计,就到曲沃祭母,祭毕把胙肉送到绛州晋都。此时晋侯正出猎,由骊姬将胙肉收下,遂下毒酒中,又将生附子放入肉内。公回来,命召申生来献胙。先祭地,那一杯酒浇下,登时毒发爆烈,平地灰土即喷起。申生一见大骇而出。骊姬又把那祭祀的熟肉喂狗,狗吃了登时毙命,又给小侍臣吃酒,小侍臣也毒死了。献公大怒,立命将太子的先生杜原款正法。太子知道冤不能明,遂逃奔新城。

杜先生临死,命小臣圉告诉申生,说:"款也无才无智,不能教导,以至有此祸。不能揣度我君之心,让你弃去太子名位,逃奔他国,若同太子俱去,也觉就是小心自守,也无别处可去。所以谗言之来,无法避免,非敢贪生怕死。但是我也不惜死,只有与谗人同此恶了。我闻君子不改忠爱之情,不急急去辩白谗言。谗言得行,致于身死亦所甘愿,尚可落个好名。至死不变初心,才是刚强人。守忠爱之本心以顺父母,孝也。杀身成志,仁也。死不忘君,敬也。你要以此为训!人死留名,岂不美哉?"申生许诺。

有人对申生说:"此事原非你罪,何以不走?"申生道:"不可。一走罪免,是将恶名加之于君也。彰扬父亲之恶,见笑诸侯,我上哪儿去?内不得于父母,外见耻于诸侯,是重困也。弃君逃罪,是逃死。我闻:'仁者不怨君,智者不内外受困,勇者不逃死。'如罪不明白而去,罪更加重。去而罪重,是不智。逃死而怨君,是不仁。有罪而不死,是无勇。此一去只是加怨,我以为恶不可重,死不可避,我只有听天由命。"

骊姬去见申生,向他哭道:"说你有老父,忍心想杀父,还能见信于国人乎?忍心谋杀亲父,去求与人好,人谁和你好?

杀父去求利于人,人谁和你共利?此皆人人所恶的,你还想偷生乎?"骊姬走后,申生就在新城的庙内自缢而死。临死,命猛足对孤突说:"申生有罪,悔不听伯氏之言,以至于死。申生不敢怕死,但是我君老矣,国家多难,伯氏如果不出,何以辅助我君?伯氏倘若肯出而辅助我君,我死亦无恨。"所以太子的谥法名共君,言其能改过也。

虢公梦在庙

虢公梦在庙,有神人面白毛,虎爪,执钺立于西阿。公惧而走,神曰:"无走!帝命曰:'使晋袭于尔门。'"公拜稽首。觉,召史嚚占之,对曰:"如君之言,则蓐收也,天之刑神也,天事官成。"公使囚之,且使国人贺梦。舟之侨告诸其族,曰:"众谓虢不久,吾乃今知之。君不度而贺大国之袭,于己也何瘳?吾闻之曰:'大国道,小国袭焉,曰服。小国傲,大国袭焉,曰诛。'民疾君之侈也,是以遂于逆命。今嘉其梦,侈必展,是天夺之鉴而益其疾也。民疾其态,天又诳之,大国来诛,出令而逆,宗国既卑,诸侯远己,内外无亲,其谁云救之?吾不忍俟也。"将行，以其族适晋。六年，虢乃亡。

虢国的君名丑者，一夕梦到宫庙里，见一位神人，满面白毛，老虎爪指，拿着铁斧，立在西角游廊。公骇而走。神说道："莫走！上帝有命，要使晋人来掩袭你的国门。"公拜稽首。醒来召史官名嚣的占卦，嚣说："照公说来，这神乃西方白虎金正之官，少皞氏之子蓐收也，是天之刑神。天的事各有官主管，刑神现，不祥。"虢公怒，命人将史嚣囚起来，又命国人贺他的梦，以为吉祥。有个大夫名舟之侨的，告诉他的族人说："众言虢国不能久，我从今而后才知之。君不警醒大祸将临，反而要人贺妖梦。且大国带兵来袭，是灭国之祸，有何可喜？我闻大国有道，将小国收服，名为服。小国傲慢，被大国来讨伐，名为诛。小民恨君之奢侈也，所以不听命。如今不知戒惧，反叫人贺他妖梦，侈大之心更发展，是天夺他的聪明，加他的罪恶。民人已衔恨，天又迷惑之，大国来讨，号令不行，本国国势日下，诸侯不亲，内外无亲近相恤之人，有祸谁救？我不坐待也！"于是预备出走。临去时，命其族人往晋国去，六年后，果然虢国亡。

惠公即位

惠公即位，出共世子而改葬之，臭达于外。

国人诵之曰:"贞之无报也。孰是人斯,而有是臭也?贞为不听,信为不诚。国斯无刑,偷居幸生。不更厥贞,大命其倾。威兮怀兮,各聚尔有,以待所归兮。猗兮违兮,心之哀兮。岁之二七,其靡有征兮。若狄公子,吾是之依兮。镇抚国家,为王妃兮。"郭偃曰:"甚哉,善之难也!君改葬共君,以为荣也,而恶滋章。夫人美于中,必播于外,而越于民,民实戴之。恶亦如之。故行不可不慎也,必或知之。十四年,君之冢嗣其替乎!其数告于民矣。公子重耳其入乎?其魄兆于民矣。若入,必伯诸侯以见天子,其光耿于民矣。数,言之纪也。魄,意之术也。光,明之曜也。纪言以叙之,述意以导之,明曜以昭之,不至何待?欲先导者行乎,将至矣!"

惠公即位,将太子申生之柩发掘而改葬之。不料一经掘出,臭气直达于外。国人遂数说道:"正礼去葬他,他却不应也。谁想这人,会有这臭气也。你说是正礼葬他,他却不睬。你虽有信,他以为不诚。国无法纪,偷居尊位,苟且幸生。如其再不改悔,恐怕大命将倾。国人心理畏威怀恩兮,各聚存所有,以待归向之人兮。欢息将去,我心则哀兮。再十四年,无有不亡兮。如在狄之重耳公子,那才是大家所归依兮。他能安定吾国,为伯于诸侯与王相配兮。"郭偃曰:"甚矣哉,好人难做也!我君改葬共君,以为荣也,岂知败德日闻。夫人中有美,必传布之外,又必宣扬于民,民人个个都有闻见。有恶亦如此容易传布。所以居上位者,不可不慎也,凡祸福之来,必有人先知之。等到十四年,我君之长子怕要零落了,大数已可知了。重耳将入国,其形已现于民众之中了!倘若他来归,必为诸侯之伯主,利见周天子,其光辉已照人矣。夫国运气数,不过为论世者纪大略也。事机之先见端兆,就是人心的表现。光辉是他运命昌明所发露。人不过纪其事,述其意义以开导民人,那光辉既表著,无有不来者矣。谁想为他作先导的,此时可行矣,他快到矣。"

秦师侵晋

六年,秦岁定,帅师侵晋,至于韩。公谓庆郑曰:"秦寇深矣,奈何?"庆郑曰:"君深其怨,能浅其寇乎?非郑之所知也,君其讯射也。"公曰:"舅所病也?"卜右,庆郑吉。公曰:"郑也不逊。"以家仆徒为右,步扬御戎。梁由靡御韩简,虢射为右,以承公。

公御秦师，令韩简视师，曰："师少于我，斗士众。"公曰："何故？"简曰："以君之出也处己，入也烦己，饥食其籴，三施而无报，故来。今又击之，秦莫不愠，晋莫不怠，斗士是故众。"公曰："然。今我不击，归必狃。一夫不可狃，而况国乎！"公令韩简挑战，曰："昔君之惠也，寡人未之敢忘，寡人有众，能合之，弗能离也。君若还，寡人之愿也。君若不还，寡人将无所避。"穆公衡雕戈出见使者，曰："昔君之未入，寡人之忧也。君入而列未成，寡人未敢忘。今君既定而列成，君其整列，寡人将亲见。"

客还，公孙枝进谏曰："昔君之不纳公子重耳，而纳晋君，是君之不置德而置服也。置而不遂，击而不胜，其若为诸侯笑何？君盍待之乎？"穆公曰："然。昔吾之不纳公子重耳而纳晋君，是吾不置德而置服也。然公子重耳实不肯，吾又奚言哉？杀其内主，背其外赂，彼塞我施，若无天乎？若有天，吾必胜之。"君揖大夫就车，君鼓而进之。晋师溃,戎马泞而止。公号庆郑曰:"载我!"庆郑曰:"忘善而背德,又废吉卜,何我之载?郑之车不足以辱君避也!"梁由靡御韩简,辂秦公,将止之,庆郑曰:"释来救君!"亦不克救,遂止于秦。

穆公归,至于王城,合大夫而谋曰:"杀晋君与逐出之,与以归之,与复之,孰利?"公子絷曰:"杀之利。逐之恐构诸侯,以归则国家多慝,复之则君臣合作,恐为君忧,不若杀之。"公孙枝曰:"不可。耻大国之士于中原,又杀其君以重之,子思报父之仇,臣思报君之仇。虽微秦国,天下孰弗患?"公子絷曰:"吾岂将徒杀之,吾将以公子重耳代之。晋君之无道莫不闻,公子重耳之仁莫不知。战胜大国,武也。杀无道而立有道,仁也。胜无后害,智也。"公孙枝曰:"耻一国之士,又曰余纳有道以临女,无乃不可乎?若不可,必为诸侯笑。战而取笑诸侯,不可谓武。杀其弟而立其兄,兄德我而忘其亲,不可谓仁。若弗忘,是再施不遂也,不可谓智。"君曰:"然则若何?"公孙枝曰："不若以归，以要晋国之成，复其君而质其适子，使子父代处秦，国可以无害。"是故归惠公而质子圉，秦始知河东之政。

公在秦三月，闻秦将成，乃使郤乞告吕甥。吕甥教之言，令国人于朝曰："君使乞告二三子，曰：'秦将归寡人，寡人不足以辱社稷，二三子其改置以代圉也。'"且赏以悦众，众皆哭，焉作辕田。

吕甥致众而告之曰："吾君惭焉其亡之不恤，而群臣是忧，不亦惠乎？君犹在外，若何？"众曰："何为而可？"吕甥曰："以韩之病，兵甲尽矣。若征缮以辅孺子，以为君援，虽四邻之闻之也，丧君有君，群臣辑睦，兵甲益多，好我者劝，恶我者惧，庶有益乎？"众皆说，焉作州兵。

吕甥逆君于秦，穆公讯之曰："晋国和乎？"对曰："不和。"公曰："何故？"对曰："其小人不念其君之罪，而悼其父兄子弟之死丧者，不惮征缮以立孺子，曰：'必报仇。吾宁事齐、楚，齐、楚又交辅之。'其君子思其君且知其罪，曰：'必事秦，有

死无他。'故不和。比其和之而来,故久。"公曰:
"而无来,吾固将归君,国谓君何?"对曰:"小人曰
不免,君子则否。"公曰:"何故?"对曰:"小人忌
而不思,愿从其君而与报秦,是故云。其君子则
否,曰:'吾君之入也,君之惠也。能纳之,能执
之,则能释之。德莫厚焉,惠莫大焉。纳而不遂,
废而不起,以德为怨,君其不然?'"秦君曰:
"然。"乃改馆晋君,馈七牢焉。

惠公六年,秦国年丰,人心大定,带兵去侵晋国,到晋之韩
原地方。晋侯向庆郑道:"敌兵深入矣,如何是好?"庆郑曰:
"君自己将怨引深,还想寇浅乎?此非郑所知也。请君问虢射
吧。"公说:"此事乃庆郑所不痛快的?"公卜戎车右边之人,确
是庆郑最吉。公说:"庆郑太不懂事,说话太憨。"遂改用家仆
徒为右,步扬驾戎车。梁由靡为韩简驾车,虢射在右边,随公
车后。

公遂自己带兵抵御秦师,命韩简去侦察秦师,他回来报
道:"军队比我少,勇士比我多。"公问:"何故?"答道:"秦人以
为公之出亡在他的地方,回国也全仗他的势力,年荒又吃人家
卖的米,三件有德于我之事,不会酬报,所以他来问罪。今又
不认错,同他对垒。秦人个个愤怒,晋兵人人懒怠,所以他的

勇士多。"公说:"于今如我不同他一决雌雄,往后必为所轻。一介匹夫尚不可轻,况寡人堂堂一国之君乎!"公命韩简去挑战,说道:"上先承贵国国君之惠,谨记不敢忘,寡人幸有众兵,只能合聚众兵,不能令其解散了。贵国之君如肯退,这是最好的事。不然,寡人无处可让了!"秦穆公横拿雕戈,出来亲见使者,说道:"以前贵国之君未回国时,寡人代为担忧。就是君已归国后,大位未定,我还不放心。如今君既定大位,又将军事行列整齐,寡人将亲自来见矣。"

客回去后,公孙枝进来谏穆公道:"从前君不帮助重耳,而扶助晋君,是君不安置有德之人,而安置服己者也。所安置者又不能始终保全,今与人交锋,万一不胜,岂不贻笑诸侯?君何不稍待乎?"穆公说:"甚是,诚如君所论。但当时重耳实不肯,我有何说?且晋人杀其内主,又背弃外间相好之邻国,彼塞天道而我施仁,若无天道则已,如有天道,吾必胜之。"于是秦君就对大夫一揖,请他上车。战鼓一鸣,三军齐进。晋师大败,晋侯骑的小戎马陷入烂泥坑内,动转不得。晋侯大叫:"庆郑速来救我!"庆郑说道:"忘人之善,背人之德,又不听吉卜,你何必要我用车载你?我的车不配请君坐也!"晋国的梁由靡驾车和韩简上阵,迎住秦伯,将要把秦伯捉住了,庆郑曰:"速救我君!"岂知亦未能救着,反被秦兵将晋侯捉去了。

穆公班师回到他的王城,合诸大夫会商:"是杀晋君,或者将其逐出，或送他归国复位，哪样办法最好？"公子絷道："杀了好。逐出去，怕他交接诸侯。送之归，则恐知我国家内的嫌隙。复其位，恐他君臣合力谋我，转为君忧，不如杀了好。"公孙枝道："不可。此番羞辱大国之士于中原，又杀其君以重其仇恨，如此则子思报父之仇，臣思报君之仇，非但秦国不能做这事，天下诸侯有害人君父者，谁不顾虑？"公子絷说："我岂徒杀之，且将以重耳代之。晋君无道，人人都知，重耳贤明，人人亦皆知。此次战胜大国，很有威武。废无道而立有道，仁也。一胜之后永无后患，智也。"公孙枝曰："既已耻辱一国之士，又说扶助有道，但是他国人民未忘前耻，此事恐不妥。若办不妥，必为诸侯取笑，算不得威武。杀人之弟，而立人之兄，兄如感我德，不为其弟复仇，此等人不可谓仁。如不忘前仇，必定报怨，是我又空劳一番不落好也，焉得为智？"秦伯道："然则如何是好？"公孙枝曰："不如送晋君归，以要求晋人和，将其君送归复位，而取其太子为质，要其子代替其父来处秦为质，我国把他太子握住手内，可以免祸患。"于是秦人归惠公而质太子子圉，并取晋河东地方，派人驻守。

惠公被秦掳去，经三月之久，闻秦晋将议和，乃命郤乞去告吕甥。吕甥教导他，将国人召集于朝，说："我君命我来告二三子：'于今秦人虽将送回寡人，寡人已辱社稷，无面目见诸父老矣，烦诸君另立新君，以替代吾我圉也。'"当时且重赏，以悦民心。众人闻听，痛哭失声，遂作辕田之法。

吕甥又向众人说道："我君此时自己流亡在外，不恤一身，转不忘我君臣，岂非仁惠之主乎？于今君犹在外未归，奈何？"众人亦曰："如何是好？"吕甥曰："从韩之败，精锐尽矣。只有重行征集新军，辅助我太子，以为我君援手。虽四邻闻之，失君仍有君，我国诸臣又和睦，武备整齐，与我有好感者相助，与我有嫌怨者知惧，庶有益乎？"众皆赞成，于是作州兵之制。

　　晋国的吕甥去到秦国迎接晋君，秦穆公问他道："贵国上下和睦否？"答道："不和。"公问："何故不和？"答曰："一般无知的小百姓，不记他国君之怨，只哀怜其父兄子弟之死于此战者，大家振作报仇立幼君，说：'一定要报仇，我宁可忍辱去事齐、楚，齐、楚二国又帮助他。'至于有识见的上等人，固然思念旧君，却自知其罪，说：'总怪自家不好，不怨人，我惟有事秦，至死不二心。'以此上下意见不一，故不和。因候国人上下调和后才来迎国君，故而来迟了。"秦伯曰："诸君即不来，我也预备送贵国之君回国了，但是你们国人谈论国君如何？"答道："小人以为不免死，君子以为无妨。"公曰："何以如此？"答道："小人只知忌怨，不思大义，愿从幼君去复仇，故以为其君恐不免于难。其君子却不然，曰：'我君之能回国也，是秦君之惠也，能帮助他入国，又能将他擒去，必定将他释放。德莫有厚于此者，惠莫有大于此者。如其为好在前，为德不卒，见我国君被废而不扶助使起，岂非以布德为修怨乎？以为贵国之君，定不如此也。'"秦伯曰:"诚如君所论。"于是,另移新馆,款待晋侯,格外优待,馈飨用七牢之礼。

文公在狄

文公在狄十二年,狐偃曰:"日,吾来此也,非以狄为荣,可以成事也。吾曰:'奔而易达,困而有资,休以择利,可以戾也。'今戾久矣,戾久将底,底著滞淫,谁能兴之?盍速行乎?吾不适齐、楚,避其远也。蓄力一纪,可以远矣。齐侯长矣,而欲亲晋。管仲殁矣,多谗在侧。谋而无正,衰而思始。夫必追择前言,求善以终。蹇迹逐远,远人入服,不为邮矣。会其季年可也,兹可以亲。"皆以为然。

乃行,过五鹿,乞食于野人。野人举块以与之,公子怒,将鞭之。子犯曰:"天赐也。民以土服,又何求焉?天事必象,十有二年,必获此土。二三子志之,岁在寿星及鹑尾,其有此土乎!天以命矣,复于寿星,必获诸侯。天之道也,由是始之。有此，其以戊申乎？所以申土也。"再拜稽首，受而载之。遂适齐。

文公在狄住了十二年，无意进取。狐偃说："往日我等来此，不是以为狄土安乐，可以成我大事也。当初计划，不过以为路近容易到而已。当时处困，暂借人之资财，稍稍休息。今休息多日矣，安闲久便有止于此之志，人不发愤图为，苟且偷安，焉望发展？何不快走？从前不到齐、楚，为路远也。现在养精蓄锐已一纪，可以远行矣。齐侯年长，正欲与晋亲善。管仲死后，其君左右多谗人，无人出上策，想个中正之道，势必回想从前，求与邻国亲善。此时我已与近邻亲善，一面再求亲睦远邦，使远人归心，在此时不可错过。当其末年也，正宜与之亲善。"大家皆以为然。

遂起程。一行人路过卫国五鹿地方，没人办供应，大众饥饿难当，遇一野人，遂向之乞食。这野人开玩笑，手拿一块泥土给他们吃。晋公子大怒，立刻要命人用鞭子打他一顿。子犯说："不必，此天赐也。有土地即有人民，我等又何求焉？天意人事往往相因，再过十二年，我必得此土地。二三子谨记之，但看岁星走到寿星，又到鹑尾的躔度，必有应验。天已预告矣，再到寿星的躔度，我国定霸诸侯。盖天道大率十二年一转，兆从此起，且必定是戊申日。戊已属土，申乃推广之义也。"于是对着那人再拜稽首，载着土块，一行人又向齐国而去。

齐侯妻之甚善焉

齐侯妻之,甚善焉。有马二十乘,将死于齐而已矣,曰:"民生安乐,谁知其他?"

桓公卒,孝公即位,诸侯叛齐。子犯知齐之不可以动,而知文公之安齐而有终焉之志也,欲行而患之,与从者谋于桑下。蚕妾在焉,莫知其在也。妾告姜氏,姜氏杀之,而言于公子曰:"从者将以子行,其闻之者,吾以除之矣。子必从之,不可以贰,贰无成命。《诗》云:'上帝临女,无贰尔心。'先王其知之矣,贰将可乎?子去晋难而极于此。自子之行,晋无宁岁,民无成君。天未丧晋,无异公子,有晋国者,非子而谁?子其勉之!上帝临子,贰必有咎。"

公子曰:"吾不动矣,必死于此。"姜曰:"不然,《周诗》曰:'莘莘征夫,每怀靡及。'夙夜征行,不遑启处,犹惧无及。况其顺身纵欲怀安,将何及矣!人不求及,其能及乎?日月不处,人谁获安?西方之书有之曰:'怀与安,实疚大事。'

《郑诗》云:'仲可怀也,人之多言,亦可畏也。'昔管敬仲有言,小妾闻之,曰:'畏威如疾,民之上也。从怀如流,民之下也。见怀思威,民之中也。畏威如疾,乃能威民。威在民上,弗畏有刑。从怀如流,去威远矣,故谓之下。其在辟也,吾从中也。《郑诗》之言,吾其从之。'此大夫管仲之所以纪纲齐国,褥辅先君,而成霸者也。子而弃之,不亦难乎? 齐国之政败矣,晋之无道久矣,从者之谋忠矣,时日及矣,公子几矣。君国可以济百姓而释之者,非人也。败不可处,时不可失,忠不可弃,怀不可从,子必速行! 吾闻晋之始封也,岁在大火,阏伯之星也,实纪商人。商之飨国三十一王,瞽史之纪曰:'唐叔之世,将如商数。'今未半也。乱不长世,公子唯子,子必有晋。若何怀安!"公子弗听。

齐桓公见晋公子,人才不凡,遂以女嫁之。送马八十匹,妆奁丰盛可知。晋公子十分快乐,从此不想到别处去了,说:"人生安乐就好,谁还想别的!"

不久桓公死了,齐孝公即位,诸侯叛齐,齐国国家多难,自顾不暇。子犯知道齐国此时说不动，又见公子图安乐，大有终身于齐之志，想劝他走，怕他不听，和大家到桑树林中商量。不知有个采桑女子在树上，全听去了。回宫报知公主，公主恐她走漏风声，将她杀死灭口，遂劝公子道："子之从者将带子离开，那闻信之人我已杀却。子必依从诸人之计，不必犹疑，疑事无成。《诗》云：'上天照临于你，你莫有二心！'先王是明白此理的。子因避晋国之难来此。自从子离晋国以来，国无一岁之安宁，人民无一定之君。如皇天不弃晋国，则晋又无第二人，有晋国者非子为谁？子宜勉之！上天临你，疑惑有殃。"

公子说："我再也不走了，必死于此。"姜氏说："不可。《周诗》曰：'众多之征人，虽不能不念家，又恐误公。'早夜从公，还怕迟误，况任意偷安乎？人不立志想胜人，将永无胜人之日矣！光阴似箭，人岂可偷安？西方之书云：'苟安真坏大事。'《郑诗》说祭仲云：'仲你要知道，人言可怕！'从前管仲有名言，妾曾闻之，说：'惧祸如防疾，此上等人也。任意图安，此最下之人也。见偷安之事，便知恐惧，此中等人也。畏祸如防疾，乃能用威。居民人之上用威，如不知戒惧，则有刑祸。如其图安，如水之就下，就不能居民上，所以谓之下流人。是当避罪，我从中人也。如《郑诗》之言，我所佩服。'此即管仲所以相齐国，辅先君，成霸业者也。今子弃之，成事不就难了吗？齐国政治不好了，晋国无道日久了，从者所谋甚忠，时不可失，公子不可大意。遇着有为之机会而放弃,非丈夫也。败国不可处,机会不可失,忠言不可弃,怀安之事不可学,公子必速行! 我闻晋国之初受封也,岁星在大火,是陶唐氏阏伯火正也,居商丘。实主商人吉凶。商朝飨国三十一王,瞽史有言:'唐叔之世纪如商数。'今尚不及半。乱世不能长,晋公子中唯子一人,子必有晋国。奈何怀安!"公子不听。

齐姜谋遣公子行

姜与子犯谋醉而载之以行。醒,以戈逐子犯曰:"若无所济,吾食舅氏之肉,其知餍乎!"舅犯走,且对曰:"若无所济,余未知死所,谁能与豺狼争食? 若克有成,公子无亦晋之柔嘉,是以甘食。偃之肉腥臊,将焉用之?"遂行。

齐姜见公子不肯行,遂同子犯商量,将公子灌醉了送上车。公子醒来大怒,手提长戈,就去驱逐子犯,说道:"倘事不成,我吃舅舅的肉都不够。"子犯一边逃一边说道:"倘若大事不成,我不知死在何处了,谁能去同豺狼口里争肉吃! 如果事成,则公子必定以晋国的柔脆鲜美之物供食,我之肉腥臊,不中吃了。"于是成行。

曹共公不礼晋公子

　　自卫过曹,曹共公亦不礼焉,闻其骈胁,欲观其状,止其舍,谍其将浴,设微薄而观之。僖负羁之妻言于负羁曰:"吾观晋公子贤人也,其从者皆国相也,以相一人,必得晋国。得晋国而讨无礼,曹其首诛也。子盍蚤自贰焉?"僖负羁馈飧,置璧焉。公子受飧反璧。

　　负羁言于曹伯曰:"夫晋公子在此,君之匹也,不亦礼焉。"曹伯曰:"诸侯之亡公子其多矣,谁不过此?亡者皆无礼者也,余焉能尽礼焉?"对曰:"臣闻之:爱亲明贤,政之干也。礼宾矜穷,礼之宗也。礼以纪政,国之常也。失常不立,君所知也。国君无亲,以国为亲。先君叔振,出自文王,晋祖唐叔,出自武王,文、武之功,实建诸姬。故二王之嗣,世不废亲。今君弃之,不爱亲也。晋公子生十七年而亡,卿材三人从之,可谓贤矣,而君蔑之,是不明贤也。谓晋公子之亡,不可不怜也。比之宾客,不可不礼也。失此二者,是不礼宾，不怜穷也。守天之聚，将施于宜。宜而不施，聚必有阙。玉帛酒食，犹粪土也，爱粪土以毁三常，失位而阙聚，是之不难，无乃不可乎？君其图之！"公弗听。

晋公子和从者一行走过曹国，曹共公也轻慢不睬他，且闻人言公子生有异相，两肋骨是整的，他动了好奇心，于是趁他沐浴之时，从帷子内逼近了一看。僖负羁之妻道："我闻晋公子贤人也，随从多卿相之才，大家扶佐他，必定得晋国。得国后来征讨无礼之人，必先及曹。我等不如早献殷勤。"于是僖负羁就送酒食加玉璧。公子将酒食收下，退还玉璧。

负羁对曹伯道："晋公子来此，地位与君相当，何得对之无礼？"曹伯道："诸侯之公子过此者多矣，大都犯法才逃出来，我招待不了许多。"答道："臣闻亲其所当亲，尊重贤德之人，此政事之桢干也。宾礼客人，矜恤穷困，此礼之宗本也。用礼来理国政，此常道也。失却常道，就不能自立，此君所知也。国君无所谓亲，只是以国为亲。我曹叔振出自文王，晋祖唐叔出自武王，文、武之功，分封诸姬姓。所以二王之后，不敢疏远其亲。今君弃之，是不爱亲也。晋公子生十七年而出奔，相从之人，三人皆卿大夫之材，可谓贤主矣，乃君轻蔑之，是不知贤也。是谓晋公子之出亡不必怜悯也。即算过客，亦不可不礼也。失此两大，是不礼敬来宾，不怜恤穷困矣。守着天所聚集财宝之处，原贵能施。要是只知聚不能施，必有缺失。即如玉帛和酒食，如同粪土一般，爱重粪土以毁弃三常大道，失本分应尽之义务，又缺失所聚，如此不以为非，怎么可能不招来灾祸？望君想想看！"曹公依然不听。

寺人勃鞮

初，献公使寺人勃鞮伐公于蒲城，文公逾垣，勃鞮斩其袪。及入，勃鞮求见，公辞焉，曰："骊姬之谮尔，射余于屏内，困余于蒲城，斩余衣袪。又为惠公从余于渭滨，命日三日，若宿而至。若干二命，以求杀余。余于伯楚屡困，何旧怨也？退而思之，异日见我！"对曰："吾以君为已知之矣，故入。犹未知之也，又将出矣。事君不贰是谓臣，好恶不易是谓君。君君臣臣，是谓明训。明训能终，民之主也。二君之世，蒲人、狄人，余何有焉？除君之恶，唯力所及，何贰之有？今君即位，其无蒲、狄乎？伊尹放太甲而卒为明王，管仲贼桓公而卒以为侯伯。乾时之役，申孙之矢集于桓钩,钩近于袪,而无怨言,佐相以终,克成令名。今君之德宇,何不宽裕也？恶其所好,其能久矣？君实不能明训,而弃民主。余,罪戾之人也,又何患焉？且不见我,君其无悔乎？"

于是吕甥、冀芮畏逼,悔纳文公,谋作乱,将以己丑焚公宫,公出救火而遂弑之。伯楚知之,故求见公。公遽出见之,曰:"岂不如女言,然是吾恶心也,吾请去之!"伯楚以吕、郤之谋告公。公惧,乘驲自下,脱会秦伯于王城,告之乱故。及己丑,公宫火,二子求公不获,遂如河上,秦伯诱而杀之。

当初晋献公,命寺人名勃鞮的,去到蒲城讨伐当时身为公子的文公。文公见兵来围他住宅,慌忙翻后墙逃走。勃鞮一见,赶上去把剑一挥,将文公的衣袖斩断。及至文公反国,勃鞮却来求见。文公心里很不愿见他,命人告诉他道:"当日骊姬谗害我时,你射我于屏风内,后来带人来到蒲城,把我宅子围住,我忙忙翻墙逃走,你竟赶上一剑,将我衣袖斩断。又替惠公来到渭滨刺我,命你三日来,你一宿就来。你讨领献、惠二公之命,一心想来害我。我同你有何仇怨,如此为难？你自思量，再来见我可也！"他回道："我以为君此次归国，已知道内容了。如其不知，恐怕又要出走了。事君无二心才是人臣，好恶不反复才算君。君君臣臣，才是明训。能守明训，才是民之主。当献、惠二公之世，蒲人、狄人，我和他有何关系？为君除恶，唯力是视，安有二心？今君即位，安见无蒲、狄之事乎？伊尹从前放太甲于桐，终不失为明君。管仲射桓公，桓公终用之以霸。当乾时之战，矢集于桓公之带钩，如此嫌怨，都不计较，所以能成霸王之业。今君之度量，何其不宽大也？恶好人，安能久乎？君实不明此道，背却为民主之道。我是阉人，有何好担心的？如不见我，能不后悔乎？"

是时吕甥、冀芮害怕文公问他的罪，计划作乱，将于己丑日火烧公宫，公如出救火，趁势杀害。勃鞮知此消息，所以求见。公闻他话出有因，赶即出见，说："我岂不如你所说，是我度量不大也，请从此改过。"勃鞮遂把吕、冀等奸谋密告。文公大骇，赶急骑匹小马，私行逃出，到王城去见秦伯，说如此。果然到了己丑这天，公宫内火起，吕甥、冀芮搜宫捉文公，不见文公，见事不妙，就逃往河上。秦伯命人将他二人骗去杀了。

竖头须

文公之出也，竖头须，守藏者也，不从。公入，乃求见，公辞焉以沐。谓谒者曰："沐则心覆，心覆则图反，宜吾不得见也。从者为羁绁之仆，居者为社稷之守，何必罪居者？国君而仇匹夫，惧者众矣。"谒者以告，公遽见之。

文公出亡之时，有守库藏之小臣名竖头须，他因为替文公守家，遂不随行。文公归国，他来求见。文公不愿见，命人回复他道："现在在洗头。"他便说道："洗沐之人，必定俯伏。俯则心翻过来了，心翻过来，则人之思想倒置，无怪我不得见也。当日随亡之人，为牵执犬马之劳，在宫守库藏者，为守社稷，何可责备守者？且以堂堂一国之主，和我一介匹夫为仇，那就人人害怕了。"于是主传达的将话达到，文公急忙出见竖头须。

文公伐原

文公伐原，令以三日之粮。三日而原不降，公令疏军而去之。谍出曰："原不过一二日矣。"军吏以告，公曰："得原而失信，何以使人？夫信，民之所庇也，不可失。"乃去之，及孟门，而原请降。

文公因为原人不降，命军去讨伐，下令只带三日之粮。不料到了三天,粮食已尽,而原人依然不降。公命把人马撤回。侦探自城中回,报道:"原地将要降矣,何必退兵!"军吏据情报告,公命道:"人以信为主,我已传令退兵,如今又反复,是失信也。为贪得原地,而失信于人,不可。"乃命三军仍退,果然兵才到孟门,原人即请降。

楚成王伐宋

文公立四年,楚成王伐宋,公率齐、秦伐曹、卫以救宋。宋人使门尹班告急于晋。公告大夫曰:"宋人告急,舍之则宋绝。告楚则不许我。我欲击楚,齐、秦不欲,其若之何?"先轸曰:"不若使齐、秦主楚怨。"公曰:"可乎?"先轸曰:"使宋舍我而赂齐、秦,借之告楚,我分曹、卫之地,以赐宋人。楚爱曹、卫,必不许齐、秦。齐、秦不得其请,必属怨焉,然后用之,蔑不欲矣。"公说,是故以曹田、卫田赐宋人。

令尹子玉使宛春来告,曰:"请复卫侯而封曹,臣亦释宋之围。"舅犯愠曰:"子玉无礼哉!君取一,臣取二,必击之。"先轸曰:"子与之。我不许曹、卫之请,是不许释宋也,宋众无乃强乎!是楚一言而有三施,子一言而有三怨。怨已多矣,难以击人。不若私许复曹、卫以携之,执宛春以怒楚,既战而后图之。"公说,是故拘宛春于卫。

子玉释宋围,从晋师。楚既陈,晋师退舍,军吏请曰:"以君避臣,辱也。且楚师老矣,必败,何故退?"子犯曰:"二三子忘在楚乎?偃也闻之,战斗,直为壮,曲为老。未报楚惠而抗宋,我曲楚直,其众莫不生气,不可谓老。若我以君避臣而不去,彼亦曲矣。"退三舍避楚。楚众欲止,子玉不肯,至于城濮,果战,楚众大败。君子曰:"善以德劝。"

文公即位之四年,宋人背楚事晋,故楚人伐宋。于是文公统率齐、秦之兵,去伐曹、卫,以掣楚人之肘,以救宋之围。宋人使大夫门尹班到晋告急。公告大夫曰:"宋人告急,如其不救,则从此宋与我绝。如告楚求其退兵,楚必不许。如我和楚战,齐、秦又不愿,如何是好?"先轸说:"不如使齐、秦当楚怨之主力。"公说:"可行乎?"先轸说:"命宋人不必问我,先去贿赂齐、秦,借此势去向楚为宋请命。我一面瓜分曹、卫之地,以赐宋人。楚人爱曹、卫,必不许齐、秦。齐、秦请而不得,必与楚结怨,然后我再用齐、秦之力,无有不成矣。"公闻之大喜,即命以曹田和卫田赐宋人。

楚令尹子玉使宛春来告道:"请复卫侯而封曹,臣亦解宋之围。"舅犯不悦道:"子玉真是无礼!君不过求解宋围一件事,子玉却要求两件事,我必去征讨他。"先轸说:"子姑许之。如我不允曹、卫之请,是不利宋之解围也。宋之众首领,不更将因楚生怨乎?岂非楚人一言有三国得利,我一言反结三国之怨。私怨多矣,何以伐人?不如私许复曹、卫以离间他,一面把宛春拿住,以挑怒于楚,待等开仗,再谋恢复曹、卫。"公一听大喜,登时命将宛春拿下。

楚子玉一闻此事,怒气冲天,即解却宋围,来和晋军约战。楚兵将阵势排列,晋师即往后退。军吏说道:"以堂堂晋国之君,害怕楚国一个臣子,岂不可耻?而且楚兵在外日子久矣,一打就败,何故退兵?"子犯说道:"诸君忘却昔日在楚之言乎?偃闻古训说,动兵理直为壮,理曲为老。未曾报答楚惠,就想救宋,是我之理曲,楚之理直,其众人人发奋,安得谓老?倘若我以君之尊,而退避彼国之臣,则曲亦在彼矣。"于是退九十里,故作畏楚之状。楚人亦无战心,大众也想不战,子玉一人不依,定欲开仗。兵到城濮,两国之兵果然开战,楚兵不胜,晋兵大杀一阵,楚兵大败。君子说道:"先轸、子犯,善能以德劝人。"

文公伐郑

文公诛观状以伐郑,反其陴。郑人以名宝行成,公弗许,曰:"予我詹而师还。"詹请往,郑伯弗许。詹固请,曰:"一臣可以赦百姓而定社稷,君何爱于臣也?"郑人以詹予晋。晋人将烹之,詹曰:"臣愿获尽辞而死,固所愿也。"公听其辞。詹曰:"天降郑祸,使淫观状,弃礼违亲。臣曰:'不可。夫晋公子贤明,其左右皆卿才,若复其国而得志于诸侯,祸无赦矣。'今祸及矣。尊明胜患,智也。杀身赎国,忠也。"乃就烹,据鼎耳而疾号曰:"自今以往,知忠以事君者,与詹同。"乃命弗杀,厚为之礼而归之。郑人以詹伯为将军。

文公因为从前郑人也无礼于他,于是兴兵伐郑,兵到了郑之城上小墙。郑人不敢抗,只好用国之宝器来求和,文公不允,答道:"命郑人将叔詹交出,才退兵。"叔詹闻听,就请前往,郑伯不许。叔詹道:"如果因我一人之死,就可以赦数百千民命,又安社稷,君何以爱臣一人也?"郑人遂把叔詹交与晋国。

晋人将要把叔詹烹煮死，叔詹说道："臣愿把心事表明然后死，死也甘心。"文公道："有何话说？"他道："天祸我郑国，使郑国之人，不知道尽礼于晋公子，当日大胆敢学曹人任意亵渎于晋公。当日确是我曾有言，说：'晋公子贤明，其左右之臣皆卿相之才，今日既无礼于他，将来他回国，得志于诸侯之国，必定来伐我郑国。'果不出我所料。但是我这一句话，能够知道晋公之明，又为郑国防后患，不可谓非智。到如今我挺身来就汤镬，为救国而死，不可谓非忠。"说罢就走到那大鼎旁边，两手抓住那鼎的耳子，高声呼号道："大家听着，从今以后，为人臣尽忠心以事其君者，都同我一样。"文公一听，觉得杀忠良有些不便，传命将他放下，并且重重的优礼他，将其送回。于是郑人因叔詹拼死救国的功大，遂封叔詹为将军。

文公学读书

文公学读书于臼季，三日，曰："吾不能行也咫，闻则多矣。"对曰："然而多闻以待能者，不犹愈也。"

文公学读书于臼季，学了三日，对臼季说道："书上所说我做不到，不过听闻的老生常谈则很多了。"臼季答曰："能多闻古训，己虽未能行，但等待那能行之人，比不学的还好些。"

文公论治国

文公问于郭偃曰:"始也,吾以治国为易,今也难。"对曰:"君以为易,其难也将至矣。君以为难,其易也将至焉。"

文公问郭偃道:"我先前只说治国极容易,谁知道治国是天下第一桩难事。"郭偃答道:"君以为容易,则凡事不知戒惧,将有轻事之心,而天下之难事就来了。如其君以为治国是天下第一件难事,则遇事小心谨慎,不敢怠荒,则凡事都好办,治国也就容易了。"

臼季使舍于冀野

臼季使,舍于冀野。冀缺耨,其妻馌之,敬,相待如宾。从而问之,冀芮之子也,与之归。既复命,而进之曰:"臣得贤人,敢以告。"文公曰:"其父有罪,可乎?"对曰:"国之良也,灭其前恶。是故舜之刑也殛鲧,其举也兴禹。今君之所闻也,齐桓公亲举管敬子,其贼也。"公曰:"子何以

知其贤也?"对曰:"臣见其不忘敬也。夫敬,德之
恪也。恪于德以临事,其何不济?"公见之,使为
下军大夫。

晋国的臼季出使,住在冀的野外,看见冀缺拔田中野草,
他的妻子送饭给他吃,夫妇相敬如宾客。臼季问了,知道是冀
芮的儿子,便和他一同回来。既复命,便向文公说道:"臣得到
贤人,特来告诉。"文公道:"他父亲有罪,可以用他吗?"臼季
对道:"国家的良才,可以不记他从前罪过,所以舜之用刑罚杀
掉鲧,因举贤人,又用鲧的儿子禹。君所晓得的,齐桓公亲自
用射他的管敬子。"文公道:"何以知道他贤才?"臼季对道:
"臣见他不忘恭敬,夫恭敬是道德的诚实,有诚实的道德来办
事,何事不成?"文公见了冀缺,使他做下军大夫。

灵公虐

灵公虐,赵宣子骤谏,公患之,使鉏麑贼之。
晨往,则寝门辟矣,盛服将朝,早而假寐。麑退,
叹而言曰:"赵孟敬哉! 夫不忘恭敬,社稷之镇
也。贼国之镇,不忠;受命而废之,不信。享一名
于此,不如死。"触庭之槐而死。灵公将杀赵盾,

不克。赵穿攻公于桃园,逆公子黑臀而立之,实
为成公。

晋灵公暴虐,赵宣子急谏,灵公厌恶,使大力士鉏麑去刺
死宣子。鉏麑一早跑去,见宣子的房门已经开了,正穿好朝
服,将要上朝,因为时间尚早,坐在那边打盹。鉏麑退下来,叹
息道:"赵宣子真是能恭敬! 这种不忘恭敬的人,真是国家重
臣。刺杀国家重臣,不能算忠;受了君主的命令,不能办到,不
能算信。于此不忠不信,必得一恶名,不如一死了之。"便触死
在院中槐树上。灵公要杀赵盾,没有办成。后来赵穿攻击灵
公于桃园,迎了公子黑臀,立为国君,就是成公。

赵文子冠

赵文子冠,见栾武子。武子曰:"美哉! 昔吾
逮事庄主,华则荣矣,实之不知,请务实乎。"
见中行宣子,宣子曰:"美哉! 惜也,吾
老矣。"
见范文子,文子曰:"而今可以戒矣。夫贤者
宠至而益戒,不足者为宠骄。故兴王赏谏臣,逸
王罚之。吾闻古之言王者,政德既成,又听于民。

于是乎使工诵谏于朝，在列者献诗，使勿兜，风听胪言于市，辨袄祥于谣，考百事于朝，问谤誉于路，有邪而正之，尽戒之术也。先王疾是骄也。"

见郤驹伯，驹伯曰："美哉！然而壮不若老者多矣。"

见韩献子，献子曰："戒之！此谓成人。成人在始与善。始与善，善进善，不善蔑由至矣；始与不善，不善进不善，善亦蔑由至矣。如草木之产也，各以其物。人之有冠，犹宫室之有墙屋也，粪除而已，又何加焉。"

见智武子，武子曰："吾子勉之！成、宣之后，而老为大夫，非耻乎？成子之文，宣子之忠，其可忘乎？夫成子导前志以佐先君，导法而卒以政，可不谓文乎？夫宣子尽谏于襄、灵，以谏取恶，不惮死进，可不谓忠乎？吾子勉之，有宣子之忠，而纳之以成子之文，事君必济。"

见苦成叔子，叔子曰："抑年少而执官者众，吾安容子？"

见温季子，季子曰："谁之不如，可以求之。"

见张老而语之，张老曰："善矣！从栾伯之言，可以滋；范叔之教，可以大；韩子之戒，可以成。物备矣，志在子。若夫三郤，亡人之言也，何称述焉？智子之道善矣，是先主覆露子也。"

赵文子行了冠礼，去见栾武子。武子道："美哉！从前我犹及事奉庄主，你现在是外貌很好，但是华而不实，请你务实。"

见中行宣子，宣子道："美哉！可惜我年纪老了，看不见你德政所到地步。"

见范文子，文子道："你现在可以知道警戒。贤明之人，受了宠幸更加戒惧，知识薄弱的，得宠幸就骄傲。所以兴盛明君赏忠谏之臣，淫逸之君反罚戮良臣。我听说古时的国君，政治德教既然成功，又听人民舆论。于是使蒙瞍一类的人诵读前代规谏嘉言，在位的公卿列士各献诗歌以讽上，使君上不要受蒙蔽，采听商旅市民的言论，辨别童谣的吉凶，考核百官职事于朝廷，探问路人对于国的谤誉，有不好的就改正，这是警戒的道理。先王所以怕人骄傲。"

见郤驹伯，驹伯道："美哉！然而少壮不如老年多了。"

见韩献子，献子道："你应当戒惧，你是成人了。成人最初要接近善人，最初接近善人，由善人而学好，不好的也无从来了；最初和不好的人接近，由不好的而学坏，好人也无从来了。如同草木的产生，各从它的一类。人所以有冠礼，好比宫室有墙屋，打扫洁净而已，又有什么其他的道理？"

见智武子，武子道："你要勉励！你是成子、宣子二贤之后，如仅能有一大夫的位职，岂不可耻？成子的文，宣子的忠，难道可以忘记？成子称引前世记言，辅佐先君文公，明达法则以治政事，岂不是文？宣子尽忠谏于襄公、灵公，因直谏见恶于灵公，不怕死而进谏，岂不是忠？你应当勉励，有宣子的忠，再加以成子的文，来事奉君主，必定可以成功。"

见苦成叔子，叔子道："少年做大夫的极多，我怎能安置你？"

见温季子，季子道："你假使自以为不如某人，便可去学他。"

赵文子去见张老，把这些话都告诉他。张老道："好极了！你从栾伯的话可以有发展，范叔的教诲可以光大，韩子的警戒可以成功。人事已备，能行与否，全在你自己。像三郤，全是亡人的话，不足称道。智子的教训最有价值，这是成子、宣子的恩惠。"

反自鄢

反自鄢，范文子谓其宗、祝曰："君骄泰而有烈，夫以德胜者，犹惧失之，而况骄泰乎？君多私，今以胜归，私必昭。昭私，难必作，吾恐及焉。凡吾宗、祝，为我祈死，先难为免。"七年夏，范文子卒。冬，难作，始于三郤，卒于公。

从鄢这个地方回来，范文子对他的宗人、家祝说道："国君骄泰而又有功，凡是以德胜过人的，尚且怀着恐惧，何况是骄泰？并且国多私宠，现在又战胜回来，私宠必更甚，国难必将发生，恐怕连累到我。凡是我的宗人、家祝，多替我祈祷早死，以免于难。"晋厉公七年的夏天，范文子就死了。冬天国难便发生，最初三郤被难，终了公也被害。

无终子嘉父

五年，无终子嘉父使孟乐因魏庄子纳虎豹之皮，以和诸戎。公曰："戎狄无亲而好得，不若伐之。"魏绛曰："劳师于戎，而失诸华，虽有功，犹得兽而失人也，安用之？且夫戎狄荐处，贵货而易土，予之货而获其土，其利一也；边鄙耕农不儆，其利二也；戎狄事晋，四邻莫不震动，其利三也。

君其图之!"公说,故使魏绛抚诸戎,于是乎遂伯。

悼公五年,无终子嘉父派孟乐因为魏庄子的介绍,贡献虎豹的皮,表示诸戎皆想归服晋国。公说:"戎狄不知亲爱,并且贪得无厌,不如去讨伐他们。"魏绛说:"因为戎狄而劳顿我们的兵力,又失去诸华的信仰,虽有功劳,不过等于得到兽鸟而失去人民一样,何必呢? 再者戎狄的风俗,是宝贵货财而轻视土地,给他们货财,而得到他们的土地,这是一利;边鄙的农民,免于战争的危急,这是二利;戎狄来事奉晋国,四邻的诸侯,没有不震动的,这是三利。国君你且计算一下!"公很喜悦,遂派魏绛去宣抚戎狄,晋国因之就强霸了。

悼公使张老为卿

悼公使张老为卿,辞曰:"臣不如魏绛。夫绛之智能治大官,其仁可以利公室不忘,其勇不疚于刑,其学不废其先人之职。若在卿位,外内必平。且鸡丘之会,其官不犯而辞顺,不可不赏也。"公五命之,固辞,乃使为司马,使魏绛佐新军。

悼公命张老为卿,他辞谢道:"臣不如魏绛。夫以魏绛的智慧能胜任公卿大官,他的仁爱有利不忘公家,他勇敢而能守法,不陷于刑戮,好学而能不废弃他先人的职事。如命他做卿,内外全可以安平。并且鸡丘之会,不犯戮扬干,语言逊顺,不可不赏他。"悼公五命张老为卿,固辞不就,乃命张老为司马,魏绛为卿佐新军。

叔鱼生

叔鱼生,其母视之,曰:"是虎目而豕喙,鸢肩而牛腹,溪壑可盈,是不可餍也,必以贿死。"遂不视。杨食我生,叔向之母闻之,往,及堂,闻其号也,乃还,曰:"其声,豺狼之声,终灭羊舌氏之宗者,必是子也。"

叔鱼初生,他的母亲仔细看了说道:"这个孩子生着如老虎的眼睛,长锐如猪的嘴,两肩上耸如鸥鸟,腹部胁张如牛,溪壑尚有盈满的时候,他的欲望是永远不足的,将来必因为财贿而死。"于是就不自己养育。杨食我初生,叔向的母亲跑去,正走到堂屋里,听见初生孩子的哭声,便退回不进去,说道:"这个哭声如豺狼,终久灭了羊舌氏的,必定就是这个小孩子。"

平公射鴳不死

平公射鴳不死，使竖襄搏之，失。公怒，拘将杀之。叔向闻之，夕，君告之。叔向曰："君必杀之。昔吾先君唐叔射兕于徒林，殪，以为大甲，以封于晋。今君嗣吾先君唐叔，射鴳不死，搏之不得，是扬吾君之耻者也。君其必速杀之，勿令远闻。"君忸怩，乃趣赦之。

平公射一只鴳雀而没有死，就命内竖名叫襄的来捆搏，而又没有捆着。平公发怒，将竖襄拘来要杀掉。叔向听见这消息，就去晚朝，平公将此事告诉他。叔向道："君主你必定将他杀死。从前我们的先君唐叔，射兕牛于徒林，一发箭就射死，用兕牛皮造了铠甲，有这种才能，所以封在晋。今君主为唐叔后嗣，连一只鴳雀都射不死，又没有搏着，岂不是宣扬君主的耻辱？君你赶快将他杀死，不要令远方的人知道。"平公听了叔向的话，很惭愧，就将竖襄赦免了。

叔向见韩宣子

叔向见韩宣子，宣子忧贫，叔向贺之，宣子

曰:"吾有卿之名,而无其实,无以从二三子,吾是以忧,子贺我何故?"对曰:"昔栾武子无一卒之田,其宫不备其宗器,宣其德行,顺其宪则,使越于诸侯,诸侯亲之,戎狄怀之,以正晋国,行刑不疚,以免于难。及桓子骄泰奢侈,贪欲无艺,略则行志,假贷居贿,宜及于难,而赖武之德,以没其身。及怀子改桓之行,而修武之德,可以免于难,而离桓之罪,以亡于楚。夫郤昭子,其富半公室,其家半三军,恃其富宠,以泰于国,其身尸于朝,其宗灭于绛。不然,夫八郤,五大夫三卿,其宠大矣,一朝而灭,莫之哀也,唯无德也。今吾子有栾武子之贫,吾以为能其德矣,是以贺。若不忧德之不建,而患货之不足,将吊不暇,何贺之有?"宣子拜稽首焉,曰:"起也将亡,赖子存之,非起也敢专承之,其自桓叔以下,嘉吾子之赐。"

叔向去见韩宣子,宣子正在愁穷的当儿,叔向反而贺他,宣子道:"我徒有晋卿虚名,而不能实有钱财,和一般人交际,我因此很愁闷,你反而贺我,为什么?"叔向回答道:"从前栾武子为上卿,而只有大夫一卒田产,宗庙祭器都不完备,宣扬德

111

行,顺从法则,声名洋溢于诸侯,诸侯全亲近他,戎狄全归顺他,整齐晋国,用刑无弊,所以能免于祸难。到了桓子就骄泰奢侈,贪欲无厌,犯法而自行其志,放款取利息,他这是绝不会好的,靠了武子德泽,能保全一生。到了怀子,他痛改父亲桓子的行为,学着祖父武子的道德,这总可以免于灾难,因为受了桓子的罪恶,所以逃亡到楚。像郤昭子,有半个晋国的富,家臣有三军之半,依恃他的富宠,奢泰于国,尸身被戮于朝廷,宗族被灭于绛。不然,郤氏八人,就有五个做大夫,三个做卿,宠贵到了极端,一旦被灭,没有人哀怜他们,因为他们无德。现在你有栾武子的贫穷,我以为便要有他的道德,所以贺你。如果你不忧愁不能建立德行,而忧愁货财不足,我吊你还怕来不及,有什么可贺?"宣子就跪下叩头道:"我韩起将要灭亡,全仗你保全我,非独我一人拜领你的恩惠,从桓叔以下全感激不尽了。"

范献子聘于鲁

范献子聘于鲁,问具山、敖山,鲁人以其乡对。献子曰:"不为具、敖乎?"对曰:"先君献、武之讳也。"献子归,遍戒其所知曰:"人不可以不学。吾适鲁而名其二讳,为笑焉,唯不学也。人之有学也，犹木之有枝叶也。木有枝叶，犹庇荫人，而况君子之学乎？"

范献子聘于鲁国，问鲁国的具山、敖山。鲁国人答道："这是我们家乡的山。"献子道："难道不叫具、敖吗？"鲁人对道："因为具、敖是先君献、武的讳。"献子回来，遍戒他所相知，道："人不可以不学。我到鲁叫了他们二讳，贻为耻笑，就是害在不学。一个人有学问，如同树木有枝叶。树木有枝叶，犹可以庇荫人，何况君子有学问呢？"

董叔将娶于范氏

董叔将娶于范氏，叔向曰："范氏富，盍已乎？"曰："欲为系援焉。"他日，董祁诉于范献子曰："不吾敬也。"献子执而纺于庭之槐，叔向过之，曰："子盍为我请乎？"叔向曰："求系，既系矣；求援，既援矣。欲而得之，又何请焉？"

董叔将要娶范宣子的女儿，叔向道："范氏富贵，我劝你不要娶。"董叔道："想借此作为系援。"过了不多久，董叔的妻子董祁告诉他的哥哥范献子道："董叔不敬重我。"献子将董叔捉

113

了,吊在院中槐树上。叔向走过,董叔道:"你何不替我讲情?"
叔向道:"你求系缀,既有了系缀;求援助,既有了援助。你想
的都已如愿,又何要我讲情?"

智宣子将以瑶为后

智宣子将以瑶为后,智果曰:"不如宵也。"宣
子曰:"宵也佷。"对曰:"宵之佷在面,瑶之佷在
心。心佷败国,面佷不害。瑶之贤于人者五,其
不逮者一也。美鬓长大则贤,射御足力则贤,伎
艺毕给则贤,巧文辩惠则贤,强毅果敢则贤。如
是而甚不仁。以其五贤陵人,而以不仁行之,其
谁能待之?若果立瑶也,智宗必灭。"弗听,智果
别族于太史为辅氏。及智氏之亡也,唯辅果在。

智宣子将立儿子瑶为后嗣,智果道:"不如立宵。"宣子道:
"宵狠戾。"智果对道:"宵的狠在表面,瑶的狠在心里。心内
凶狠必败国乱家,表面凶狠是无妨害的。瑶的好处有五种,坏
处有一种。有美好的头发,长大的身体,力足以射箭驾车,擅
长技术艺能,口辞便给,强毅果敢,这是他的好处。然而最不
仁爱。他虽有五种好而不仁,谁能宽恕他?如果立瑶,智氏必

灭。"宣子不听，智果于是改姓为辅氏。等到智氏亡后，唯有辅果一人存在。

智襄子为室美

智襄子为室美，士茁夕焉，智伯曰："室美夫？"对曰："美则美矣，抑臣亦有惧也。"智伯曰："何惧？"对曰："臣以秉笔事君。志有之曰：'高山峻原，不生草木。松柏之地，其土不肥。'今土木胜，臣惧其不安人也。"室成三年而智氏亡。

智襄造了一所美丽的房子，士茁晚间到襄子那里，襄子道："这所房美丽吗？"士茁答道："美是极美丽了，但是我有点忧虑。"襄子道："有何忧虑？"士茁对道："臣秉笔事君。传记上有句话叫：'极高的山和峻峭陆地，全不生草木。松柏下面的土地，土质就不肥。'现在房屋造得太好，我恐怕人住着，就不能平安。"房子造成三年而智氏灭亡。

郑语

桓公为司徒

　　桓公为司徒,甚得周众与东土之人,问于史伯曰:"王室多故,余惧及焉,其何所可以逃死?"史伯对曰:"王室将卑,戎狄必昌,不可逼也。当成周者,南有荆蛮、申、吕、应、邓、陈、蔡、随、唐,北有卫、燕、狄、鲜虞、潞、洛、泉、徐蒲,西有虞、虢、晋、隗、霍、杨、魏、芮,东有齐、鲁、曹、宋、滕、薛、邹、莒,是非王之支子母弟甥舅也,则皆蛮荆戎狄之人也。非亲则顽,不可入也。其济、洛、河、颍之间乎?是其子男之国,虢、郐为大,虢叔恃势,郐仲恃险,是皆有骄侈怠慢之心,而加之以贪冒。君若以周难之故,寄孥与贿焉,不敢不许。周乱而弊,是骄而贪,必将背君。君若以成周之众,奉辞伐罪,无不克矣。若克二邑,郐、弊、补、舟、依、𫘪、历、华,君之土也。若前华后河,右洛左济，主芣、騩而食溱、洧，修典刑以守之，是可以少固。”

公曰：“南方不可乎？”对曰：“夫荆子熊严，生子四人：伯霜、仲雪、叔熊、季纣。叔熊逃难于濮而蛮，季纣是立，薳氏将起之，祸又不克。是天启之也，又甚聪明和协，盖其先王。臣闻之，天之所启，十世不替。夫其子孙必光启土，不可逼也。且重、黎之后也，夫黎为高辛氏火正，以淳耀敦大，天明地德，光照四海，故命之曰‘祝融’，其功大矣。

“夫成天地之大功者，其子孙未尝不章，虞、夏、商、周是也。虞幕能听协风，以成乐物生者也；夏禹能单平水土，以品处庶类者也；商契能和合五教，以保于百姓者也；周弃能播殖百谷蔬，以衣食民人者也。其后皆为王公侯伯。祝融亦能昭显天地之光明，以生柔嘉材者也，其后八姓，于周未有侯伯。佐制物于前代者，昆吾为夏伯矣，大彭、豕韦为商伯矣，当周未有。己姓昆吾、苏、顾、温、董，董姓鬷夷、豢龙，则夏灭之矣。彭姓彭祖、豕韦、诸稽，则商灭之矣。秃姓舟人，则周灭之矣。妘姓邬、郐、路、逼阳，曹姓邹、莒，皆为采卫，或在王室，或在夷狄，莫之数也，而又无令闻，必不兴矣。斟姓无后。融之兴者，其在芈姓乎？芈姓夔越，不足命也。蛮芈蛮矣，唯荆实有昭德，若周衰，其必兴矣。"

周幽王八年，封郑桓公为司徒。桓公为人有恩德，甚得西周与陕东之民心，一日问于史官名伯的道："王室目下多难，我恐怕祸及于我，不知何处可以逃免？"史伯答道："如果王室日卑，则戎狄之势必日形强大，不可逼近也。诸侯之国，其近洛邑者，南边则有荆蛮、申、吕、应、邓、陈、蔡、随、唐诸国，北方则是有卫、燕、狄、鲜虞、潞、洛、泉、徐蒲诸国，西方则有虞、虢、晋、隗、霍、杨、魏、芮诸国，东方则有齐、鲁、曹、宋、滕、薛、邹、莒诸国。这所有诸国，并非王之支子和母弟甥舅也，都是蛮夷之人。既非周之亲族，且皆蛮夷也，不可逃入。要逃避，只有济、洛、河、颍之间尚可。其间皆子男之国，而且以虢、郐二国为最大，虢叔倚恃其地势险阻，郐仲亦然，此二君皆有骄侈怠慢之心，而加之以贪冒。君倘若以周难之故，寄托家眷和钱财，他们不敢不允许。周因乱而弊坏政治，他们又以骄侈自是而贪，必与君相背。君倘以成周之众，声明其罪去讨伐他们，战无不克矣。如将二邑攻克,则邬、弊、补、舟、依、䝯、历、华这八处地方,皆是君之土地也。若是雄踞,前面是华国,后面临大河,右边是洛水,左边是济水,以芣、騩山为我所主,以溱、洧水为我所食,更修明典刑,以守此土,如此者可以稍稍安固。"

公曰:"南方不可守乎?"对曰:"夫荆国之王熊严,生了四个儿子:伯霜、仲雪、叔熊、季纲四人。叔熊逃难到濮方而成了蛮邑,那时熊霜已死,遂立季纲,蓬氏将扶叔熊而立之,偏又有祸乱不成。是天开启季纲也,他又甚聪明,能和协其民人,功德盖过他的先王。臣闻古语说的,天所保佑发达之人,十代都不凌替的。如此看来,他的子孙必定要发扬光大,开拓土地,不可轻视也。而且他乃重、黎之后,夫重、黎为高辛氏火正,以光耀之火官开启世代,光辉之德光照天地,所以名其氏为'祝融'。祝者起初之意,犹云由其祖才发光明也。

"夫其人能成天地之大功者,其子孙自然有荣耀,如虞、夏、商、周四代之王是也。如虞幕是能听明协和之音,知风之发育万物,顺以成乐者也;夏禹王是能尽力以平水土,以品第万物之高下,使人物各安其所者也;商之契是能调和五教,使人类知有人伦之则,以相保者也;周之弃是能播种百谷蔬食,以衣食人民者也。故其子孙后代,皆能为王公侯伯。祝融氏亦能以光辉之德,昭显天地万物,以生成五谷及美材者也,但是他之后人八个姓的,周天子皆未封他侯伯。辅佐国家办大事的,如祝融之孙昆吾,封于夏为伯矣。又如大彭和豕韦,封为商伯矣。当周天子之时，未有侯伯之封。己姓昆吾、苏、顾、温、董五国，若董姓鬷夷、豢龙，被夏灭了。彭姓彭祖、豕韦、诸稽，则被商灭了。秃姓舟人，被周灭了。妘姓邬、郐、路、逼阳，曹姓邹、莒，都为采卫小国。六姓之后，有的在王室，有的在夷狄，人都不重看他，又未有后起人才，恐未必再兴矣。斟姓无后。祝融氏之兴起者，必是芈姓。芈姓夔越有功，不得大封疆土。至于蛮芈在蛮已从蛮俗，现唯荆有明德，如周果衰，其必兴矣。"

周宣王时童谣

（史伯曰）"宣王之时有童谣曰：'檿弧箕服，实亡周国。'于是宣王闻之，有夫妇鬻是器者，王使执而戮之。府之小妾，生女而非王子也，惧而弃之。此人也，收以奔褒。天之命此久矣，其又何可为乎？《训语》有之，曰：'夏之衰也，褒人之神化为二龙，以同于王庭，而言曰："余，褒之二君也。"夏后卜杀之与去之与止之，莫吉。卜请其漦而藏之，吉。乃布币焉，而策告之。龙亡而漦在，椟而藏之，传郊之。'及殷、周，莫之发也。及厉王之末，发而观之，漦流于庭，不可除也。王使妇人不怖而噪之，化为玄鼋，以入于王府。府之童妾未既龀而遭之，既笄而孕，当宣王时而生。不夫而育，故惧而弃之。为弧服者方戮在路，夫妇哀其夜号也，而取之以逸，逃于褒。褒人褒姁有狱，而以为入于王，王遂置之，而嬖是女也，使至于为后，而生伯服。天之生此久矣，其为毒也大矣，将使候淫德而加之焉。毒之酋腊者，其杀也滋速。申、缯、西戎方强，王室方骚，将以纵欲，不亦难乎？王欲杀太子以成伯服，必求之申，申人弗畀，必伐之。若伐申，而缯与西戎会以伐周，周不守矣。缯与西戎方将德申，申、吕方强，其隩爱太子亦必可知也。王师若在，其救之亦必然矣。王心怒矣，虢公从矣，凡周存亡，不三稔矣。君若欲避其难，其速规所矣，时至而求用，恐无及也。"

公曰："若周衰，诸姬其孰兴？"对曰："臣闻之，武实昭文之功，文之祚尽，武其嗣乎？武王之子，应、韩不在，其在晋乎？距险而邻于小，若加之以德，可以大启。"公曰："姜、嬴其孰兴？"对曰："夫国大而有德者近兴，秦仲、齐侯，姜、嬴之隽

也，且大，其将兴乎？"公说，乃东寄帑与贿，虢、郐
受之，十邑皆有寄地。

（史伯说）"当周宣王的时候，民间的小孩子忽然满街唱道：
'你看那山桑做的大弓，又用那箕木做的弓鞘子，将来是亡周家
的利器呢！'当日周宣王听了这童谣，就留心了。恰有夫妇二人
上街来卖弓箭的，恰是桑弓箕鞘，王立命将他们捉来杀了。那时
王府中，有个小妾生了一女，却非王所生，乃私生子也，恐怕得
罪，立刻将孩子抛弃。谁知这卖箭的两夫妇，听说王要拿他，一
见路旁这个孩子，即将她抱去，二人向褒邑逃走。可见天意命之
来灭周家，人力焉能挽回？《周书》有句成语道：'当夏庭之衰
也，褒人之神，化为二龙，同处于王庭，说道："我乃褒之二君
也。"当时夏氏卜一卦，问是杀却，还是送走，还是听之，究竟何
者最吉？卜来都不吉。又卜请留龙所吐的涎沫，宝藏起来，结果
为吉。于是供陈玉帛，到郊外去祷告，登时二龙不见，只留下所
吐的涎沫，就用木匣子盛起，收进柜子存留，又向郊外去祭它。'
从殷到周，从未开看。到厉王末年，忽要开看，那龙涎直流于庭，
没法扫除。王以为妖，命许多妇女，不着帏裙，大声叫号驱逐，登
时那龙涎，变作了一条黑色的蛇。那怪物登时走入王府，府中有
个小婢女，年纪很小，迎面相遇，到十五岁那年忽有身孕，当宣王
时生下一子。那宫女没有男人，会生出一个女孩儿，当时骇极，
不敢声张，故把她抛弃。恰那卖弓箭的夫妇二人在路上走，因夜

间听见小儿啼声，寻觅着小孩，遂抱起逃走到那褒氏国中。那时褒人有个褒姁，是他们的国君，正犯罪在监牢中。这女子年已长，十分美貌，褒君将她进贡与周王，周王一见大喜，收入后宫为后，十分宠幸，就是褒姒，后来生子伯服。天生这祸胎久矣，其为毒大矣，正欲使之候那淫德之君而送与之。毒蕴藏已熟，其发必甚。申、缯、西戎正强盛，王室方骚乱，将要纵欲不也很不好？王如果要杀太子，改立伯服，必向申去请求，申人如不与，必定要征伐。伐申而缯同西戎聚会一起来伐周，周必不能守。缯和西戎正要与申国交好，申、吕又强盛，他们爱护太子，也是当然的。周室的兵如在申国，他们之出来救护，也是一定的。那么王心必定发怒，虢公也必定发怒，周室的存亡，决不会过三年。君如果想避免这个祸难，要从速寻适当地方，时间已到再求，就来不及了！”

桓公道：“如周室衰，姬姓里谁当兴？”他答道：“臣听说武王能显明文王的功绩，文王后嗣已衰，武王的子孙当继起。武王的子孙不在应、韩，当在晋国。晋国地形险要，又和一般小国为邻，若加以德化，可以大兴。”桓公又问道：“姜、嬴二姓有谁当兴？”对道：“大国而有德的可以兴，秦仲、齐侯都是姜、嬴二姓俊杰，而且国又大，他们或者要兴。”桓公听了很快乐，便将家属、财物存到东边。虢、郐受了他的家属、财物，后来这十县全有他的寄地。

楚语

屈到嗜芰

屈到嗜芰。有疾，召其宗老而属之，曰："祭我必以芰。"及祥，宗老将荐芰，屈建命去之。宗老曰："夫子属之。"子木曰："不然。夫子承楚国之政，其法刑在民心而藏在王府，上之可以比先王，下之可以训后世，虽微楚国，诸侯莫不誉。其祭典有之曰：'国君有牛享，大夫有羊馈，士有豚犬之奠，庶人有鱼炙之荐，笾豆脯醢则上下共之。'不羞珍异，不陈庶侈。夫子不以其私欲干国之典。"遂不用。

屈到最喜欢吃芰。有病的时候，召他的宗老说道："死后祭我必用芰。"等他死了，将要上祭，宗老预备用芰，他的儿子屈建命去掉。宗老道："这是夫子的遗嘱。"屈建道："不然。夫子承奉楚国的政治，立的刑法深在民心而藏在王府，上可以继续先王，下可以教训后世，不但是楚国，诸侯莫不称赞他。

在《祭典》上有几句话道：'祭国君用牛，祭大夫用羊，祭士人用猪狗，祭平常人用鱼肉，用竹子笾豆盛着肉酱、干肉，那是上下一律的。'不用珍奇异物，不太奢侈。不能以夫子私欲，而违犯国家祭典。"于是就不用芰。

左史倚相迁见申公子亹

左史倚相迁见申公子亹，子亹不出，左史谤之，举伯以告，子亹怒而出曰："女无亦谓我老耄而舍我，而又谤我！"

左史倚相曰："唯子老耄，故欲见以交儆子。若子方壮，能经营百事，倚相将奔走承序，于是不给，而何暇得见？昔卫武公年数九十有五矣，犹箴儆于国曰：'自卿以下，至于师长士，苟在朝者，无谓我老耄而舍我，必恭恪于朝，朝夕以交戒我，闻一二之言，必诵志而纳之，以训导我。'在舆有旅贲之规，位宁有官师之典，倚几有诵训之谏，居寝有亵御之箴，临事有瞽史之导，宴居有师工之诵。史不失书，蒙不失诵，以训御之，于是乎作《懿》戒以自儆也。及其没也，谓之睿圣武公。子

实不睿圣，于倚相何害？《周书》曰：'文王至于日
中昃，不皇暇食。惠于小民，唯政之恭。'文王犹
不敢骄，今子老楚国，而欲自安也，以御数戒者，
王将何为？若常如此，楚其难哉！"子亹惧，曰：
"老之过也。"乃骤见左史。

　　左史倚相去见申公子亹，子亹不出来见他，左史就责骂，
举伯告诉了子亹，子亹大怒，就出来道："你不要以为我老了，
便将我丢开，反来责骂我。"
　　倚相道："正为你老了，所以来见你，可当面规劝。如果你
正少壮，能够经营百事，我将要听你的指挥奔走还来不及，哪
有空来见你？从前卫武公年纪九十有五，还自己对国人警戒
道：'从卿大夫以下到师长众士，凡在朝廷诸人，不要以为我老
了就舍弃我，必定要恭敬于朝廷，早晚规谏我，听见外面人的
议论，必定牢牢记住，来训导我。'所以在车子里有护卫勇士规
劝，屏门院内有官长的典礼，倚着桌时，工师所箴谏的话写在
上面，起居安寝有侍御的箴劝，临到征战祭祀有太师太史劝
导，平居时候有乐师瞽蒙箴谏。史官时时记载，蒙人时时劝
导，进训戒之辞，于是乎著一篇《懿》警戒自己。到他死后，人
称他睿圣武公。你如果不睿圣，于我何害？《周书》上道：'文
王到了日落西山，还没有工夫吃饭，无非是要利惠小民，为政

之恭谨如此。'以文王贤圣,尚且不敢骄傲,现在你依恃楚国终老,只想自己安逸,遏止各种警戒,人臣如此,为君的又当如何？如果永远如此,楚国怕要遭难了！"子寙听了,说道："这是我的过错。"便赶快出来见倚相。

司马子期欲以妾为内子

司马子期欲以妾为内子,访之左史倚相,曰："吾有妾而愿,欲弈之,其可乎？"对曰："昔先大夫子囊违王之命谥；子夕嗜芰,子木有羊馈而无芰荐。君子曰：'违而道。'毂阳竖爱子反之劳也,而献饮焉,以毙于鄢；芊尹申亥从灵王之欲,以陨于乾溪。君子曰：'从而逆。'君子之行,欲其道也,故进退周旋,唯道是从。夫子木能违若敖之欲,以之道而去芰荐,吾子经营楚国,而欲荐芰以干之,其可乎？"子期乃止。

司马子期想以妾做妻,就去访问左史倚相,道："我有一个妾很恭顺,我想立为妻,可不可以？"倚相对道："从前先大夫子囊违背王命上谥号；子夕喜吃芰,而他的儿子子木违父命,祭他以羊馈,而不用芰。君子人称他们虽违上命而合道。毂阳

127

竖爱惜子反劳顿,献酒给子反,反害了子反死在鄢地;芋尹申亥顺从王欲,死于乾溪。君子人称他们从欲背道。君子人行事,要顺从道理,所以进退周旋,但要从道。像子木能违父若敖之欲,从道而去芈,你经营楚国,而以妾为妻,如用芈违道,哪可以做得?"子期于是就作罢了。

斗且迁见令尹子常

斗且迁见令尹子常,子常与之语,问蓄货聚马。归以语其弟曰:"楚其亡乎! 不然,令尹不免乎! 吾见令尹,令尹问蓄聚积实,如饿豺狼焉,殆必亡者也。

"夫古者聚货不妨民衣食之利,聚马不害民之财用,国马足以行军,公马足以称赋,不是过也。公货足以宾献,家货足以共用,不是过也。夫货、马邮则阙于民,民多阙则有离叛之心,将何以封矣?

"昔斗子文三舍令尹,无一日之积,恤民之故也。成王闻子文之朝不及夕也,于是乎每朝设脯一束、糗一筐,以羞子文,至于今令尹秩之。成王每出子文之禄，必逃，王止而后复。人谓子文曰：'人生求富，而子逃之，何也？'对曰：'夫从政者，以庇民也。民多旷者，而我取富焉，是勤民以自封，死无日矣。我逃死，非逃富也。'故庄王之世，灭若敖氏，唯子文之后在，至于今处郧，为楚良臣。是不先恤民而后己之富乎？

"今子常，先大夫之后也，而相楚君无令名于四方。民之羸馁，日已甚矣。四境盈垒，道殣相望，盗贼司目，民无所放。是之不恤，而蓄聚不厌，其速怨于民多矣。积货滋多，蓄怨滋厚，不亡何待？

"夫民心之愠也，若防大川焉，溃而所犯必大矣。子常其能贤于成、灵乎？成不礼于穆，愿食熊蹯，不获而死。灵不顾于民，一国弃之，如遗迹焉。子常为政，而无礼不顾甚于成、灵，其独何力以待之？"期年，乃有柏举之战，子常奔郑，昭王奔随。

斗且去见令尹子常，子常同他讲话，问储蓄财货、马匹。斗且回家对弟弟说道："楚国恐怕要亡了！不然，令尹决不能免。我见令尹，令尹问储蓄财货、马匹，如同饿的豺狼，恐怕必定将要亡了。

"像古时聚财货，要不妨害人民衣食，聚马匹要不妨害人民财力，人民所畜之马能够行军，公家马匹能够举兵，不必过多。公家财货足以赐赠上贡，大夫财货足以供家中使，不必过多。货财、马匹过多，人民就缺乏，人民缺乏，就有离叛的心，国家拿什么作为生存的基本条件呢。

"从前斗子文做了三次令尹，家无一日之储，完全是因为他爱恤人民。成王听见子文穷得早间顾不了晚上，于是每早陈设干肉一束、粥一筐，送给子文。到了现在的令尹，还是照此。成王每次取出子文的俸禄，子文必逃，王收回俸禄然后回来。有人对子文道：'人生是要求富，而你反逃避，为何？'他对道：'夫为政是要庇护人民，人民多空乏，而我独求富，岂不是劳民自足？无日不可以死了。我逃死，并非逃富。'所以在庄王之世，若敖氏灭，惟有子文后嗣存在，一直传到现在，住在郧城，为楚国的良臣。这不是因为子文以体恤人民为先而以自己求富为末的原因吗？

"现在子常，是先大夫子囊之后，而为楚君之相，又无好名声传到四方。人民的瘠饿，一天比一天甚。四境之内战垒盈满，道路上死人连属望见，盗贼窥伺，人民无依。这些全不怜恤，而聚蓄无厌，召人民的怨恨必很多。聚积财货既多，召怨又众，这样不灭亡还有什么？

"人民心中的愠怒,如防止大川,一旦溃决,为害必大。子常之贤,还不及成灵。成王不以礼待儿子穆王,想吃了熊掌再死都不能。灵王不顾及人民,一国之人抛弃他,如同行人遗弃其迹。子常为政,既无礼又不顾人民,比成、灵还甚,有何能力可以对待人民?"过了一年,就发生柏举之战,子常逃奔到郑,昭王逃奔到随。

吴语

吴王夫差既许越成

吴王夫差既许越成，乃大戒师徒，将以伐齐。申胥进谏曰："昔天以越赐吴，而王弗受。夫天命有反，今越王勾践恐惧而改其谋，舍其愆令，轻其征赋，施民所善，去民所恶，身自约也，裕其众庶，其民殷众，以多甲兵。越之在吴，犹人之有腹心之疾也。夫越王之不忘败吴，于其心也戚然，服士以伺吾间。今王非越是图，而齐、鲁以为忧。夫齐、鲁譬诸疾，疥癣也，岂能涉江、淮而与我争此地哉？将必越实有吴土。

"王其盍亦鉴于人，无鉴于水。昔楚灵王不君，其臣箴谏以不入，乃筑台于章华之上，阙为石郭，陂汉，以象帝舜。罢弊楚国，以间陈、蔡。不修方城之内，逾诸夏而图东国，三岁于沮、汾以服吴、越。其民不忍饥劳之殃，三军叛王于乾溪。

王亲独行，屏营仿偟于山林之中，三日乃见其涓人畴。王呼之曰：'余不食三日矣。'畴趋而进，王枕其股，以寝于地。王寐，畴枕王以墣而去之。王觉而无见也，乃匍匐将入于棘闱，棘闱不纳，乃入芋尹申亥氏焉。王缢，申亥负王以归，而土埋之其室。此志也，岂遽忘于诸侯之耳乎？

"今王既变鲧、禹之功，而高高下下，以罢民于姑苏。天夺吾食，都鄙荐饥。今王将很天而伐齐。夫吴民离矣，体有所倾，譬如群兽然，一个负矢，将百群皆奔，王其无方收也。越人必来袭我，王虽悔之，其犹有及乎？"

王弗听。十二年，遂伐齐。齐人与战于艾陵，齐师败绩，吴人有功。

吴王夫差既允许越国讲和，便大发兵马，将要伐齐。申胥进谏道："从前天把越国赐给吴，大王不接受。天命是有回还的，现在越王勾践恐惧，改变方针，废去过分的命令，减轻赋税，施行人民所喜，废去人民所恶，自身俭约，富裕百姓，人民富庶，甲兵又充足。越对于吴，如同人有腹心之疾。越王心中不忘记败吴，警惕谋划，收服士心，以窥伺我们的间隙。现在大王不图谋越，而以齐、鲁为忧。夫齐、鲁譬比疾病中的疥癣，岂能过江、淮，而同我们争这块土地，将来越必定可以有吴土。

"王何不以旁人当镜子照看，不要以水为镜子。从前楚灵王不得君道，臣下箴谏不听，在章华造了一个台，掘穿成石郭，开通汉水绕着石郭，以像舜的葬所。疲弊楚国，窥伺陈、蔡。自己方城之内不修，反又过陈、蔡，而图谋吴、越，兵留在沮、汾三年，去征服吴、越。民众不能忍其饥寒劳苦，三军就在乾溪背叛灵王。王独身彷徨于山林之中，三天才看见中涓官名叫畴的。王对他叫道：'我没有吃已经三天了！'畴跑到他面前，王就枕了畴的大腿，睡在地上。王睡着了，畴用泥块枕着楚王，而自己却走了。王醒来看不见畴，便爬到棘闱，将要进去，棘闱里的人不收留他，就爬到芊尹申亥家里。王吊死了，申亥便背着王回去，用土埋在屋内。这段事，诸侯怎么突然忘记了呢？

"现在大王既改变鲧、禹的功德，而高起台榭，下掘污池，劳民伤财，兴建姑苏台。上天夺去我们的食物，都城边邑全严重饥荒。王又违天而伐齐。吴国人民全有离叛的心，国体已伤，譬如一群野兽，一只中箭，百群全逃奔，王将要无路可归。越人必定要袭击我，王虽懊悔，也来不及了！"

吴王不听，十二年去伐齐。齐人同他战于艾陵，齐师大败，吴人有功。

越语

吴王使王孙雒行成于越

居军三年,吴师自溃。吴王帅其贤良与其重禄,以上姑苏,使王孙雒行成于越,曰:"昔者上天降祸于吴,得罪于会稽。今君王其图不谷,不谷请复会稽之和。"王弗忍,欲许之。范蠡进谏曰:"臣闻之,圣人之功,时为之庸。得时不成,天有还形。天节不远,五年复反,小凶则近,大凶则远。先人有言曰:'伐柯者其则不远。'今君王不断,其忘会稽之事乎?"王曰:"诺。"不许。

使者往而复来,辞愈卑,礼愈尊,王又欲许之。范蠡谏曰:"孰使我蚤朝而晏罢者,非吴乎?与我争三江、五湖之利者,非吴耶?夫十年谋之,一朝而弃之,其可乎?王姑勿许,其事将易冀已。"王曰:"吾欲勿许,而难对其使者,子其对之。"范蠡乃左提鼓,右援枹,以应使者,曰:"昔者上天降祸于越，委制于吴，而吴不受。今将反此义，以报此祸，吾王敢无听天之命，而听君王之命乎？"王孙雒曰："子范子，先人有言曰：'无助天为虐，助天为虐者不祥。'今吴稻蟹不遗种，子将助天为虐，不忌其不祥乎？"范蠡曰："王孙子，昔吾先君固周室之不成子也，故滨于东海之陂，鼋鼍鱼鳖之与处，而蛙黾之与同渚。余虽靦然而人面哉，吾犹禽兽也，又安知是諓諓者乎？"王孙雒曰："子范子将助天为虐，助天为虐不祥。雒请反辞于王。"范蠡曰："君王已委制于执事之人矣。子往矣，无使执事之人得罪于子。"

使者辞反。范蠡不报于王，击鼓兴师，以随使者，至于姑苏之宫，不伤越民，遂灭吴。

越围吴至三年之久，吴国的兵士自行溃散。吴王便带领一班亲信大臣，俱上姑苏而去，一面命王孙雒到越国去求和。王孙雒对越王道："从前上天降祸于我们吴国，在会稽的地方开罪贵国。现在大王兴师问罪，敝国国君请据前在会稽之例重复议和，如何？"越王心有不忍，要想答应他的请求。范蠡向越王谏道："臣听说圣人之功，因天时以为用。得时而不成，天数一定会反过来降罚。它的时期并不远,五年就要复反,凡是期愈近,凶愈小,期愈远,凶愈大。诗人有句话说:'执柯伐柯,其则不远。'这就是前事可供后事参考的意思。现在大王没有决心,难道忘了会稽的事件么?"越王道:"知道了。"不许和他议和。

吴王的使者去而又来,辞气更谦逊,礼节更尊重,越王又欲许他议和了。范蠡谏道:"使我们早朝见晚慰劳臣服于他们的不就是吴国么? 同我们争三江、五湖的权利的不又就是吴国么? 费十年心血而功成,一朝去抛弃它,如何可以呢? 请大王勿许议和,事情就容易办了。"越王道:"我欲勿许议和,难以对使者说,你去对他说吧。"于是范蠡就左手提着鼓,右手拿着鼓槌,去对使者说道:"从前上天降祸于我们越国,使我们听命于贵国,而贵国不受。现在将反此义以报此祸,敝国国王哪敢不听天之命,而听贵国国王之命呢?"王孙雒道:"子范子,诗人有句话说:'无助天为虐,助天为虐是不祥的。'现在吴国已遭天灾,你难道还要助天为虐,不忌恶不祥么?"范蠡道:"王孙子,我先君本是蛮夷小国,于周室爵列是不能成'子'的,所以住在东海之滨,天天和那些水族动物同居。虽然觍然人面,和禽兽没有什么分别,哪知道什么礼义呢?"王孙雒道:"子范子你竟将助天为虐么! 助天为虐是不祥的。请把此意转达贵国国王吧。"范蠡道:"敝国国王已将全权交付于我了。你去吧,莫使我为你得罪。"

使者反报吴王。范蠡不待报告越王,马上击鼓兴兵,跟使者直到姑苏的宫里,不伤越国的人民,就把吴国灭掉。